Kommentar zum Schweizerischen Zivilgesetzbuch

III. Band

Das Erbrecht

3. Auflage

Ergänzungslieferung
zum landwirtschaftlichen Erbrecht

bearbeitet von

Dr. iur Arnold Escher

Handelsgerichtsschreiber in Zürich

SCHULTHESS POLYGRAPHISCHER VERLAG ZÜRICH

Copyright 1975 by Schulthess Polygraphischer Verlag AG Zurich
ISBN 3 7255 1623 5
Printed in Switzerland
Buchdruckerei Schulthess Polygraphischer Verlag AG Zürich

Vorwort

Seit dem Erscheinen des 2. Bandes der 3. Auflage des Erbrechtskommentars im Jahre 1960 sind im Rahmen des bäuerlichen Erbrechtes verschiedene Gesetzesnovellen in Kraft getreten, so vor allem in bezug auf den Gewinnanteil der Miterben (Art. 619) im Jahre 1965 und über die Zuweisung landwirtschaftlicher Grundstücke im allgemeinen (Art. 620 ff.) im Jahre 1973. In bezug auf diese Punkte erwies sich daher eine Ergänzung des Kommentars als notwendig, wobei gewisse Randgebiete wie der neue Art. 334 ZGB sowie Art. 218^{quinquies} OR miteinbezogen werden mußten. Da seit dem Erscheinen der letzten Auflage noch verhältnismäßig kurze Zeit verstrichen ist, wurde auf eine vollständige Neukommentierung des landwirtschaftlichen Erbrechts verzichtet, und es wurden nur die Folgen der erfolgten Gesetzesänderungen in die Betrachtung einbezogen. Zu unverändert gebliebenen Bestimmungen wurden lediglich einige wichtige neue Entscheidungen erwähnt; im übrigen ist da, wo die vorliegende Ergänzung keine weiteren Hinweise enthält, auf den Hauptkommentar zurückzugreifen.

Unverändert gebliebene oder mit dem landwirtschaftlichen Erbrecht nur in losem Zusammenhang stehende Gesetzestexte werden in Kursivdruck angeführt.

Zürich, im Herbst 1974 *A. Escher*

Inhaltsverzeichnis

1. Kapitel. Allgemeines, Randgebiete.

I. Allgemeine Einleitung 7
II. Speziell Art. 334 (633) und Art. 603 ZGB 8
III. Streichung des Art. 618 Abs. 2 12

2. Kapitel. Das Gewinnanteilsrecht der Miterben.

Einleitung 12
1. Allgemeines 12
2. Art. 218^{quinquies} OR 14
3. Intertemporales Recht 16
Art. 619   Anteil der Miterben am Gewinn
    a) Anspruch 16
Art. 619bis
    b) Gewinn 22
Art. 619ter
    c) Ersatzgrundstück 24
Art. 619^{quater}
    d) Ausbesserung von Gebäuden 27
Art. 619^{quinquies}
    e) Haftung des Erwerbers 28
Art. 619^{sexies}
    f) Vertragliche Regelung 30

3. Kapitel. Die Zuweisung landwirtschaftlicher Gewerbe.

Einleitung, Intertemporales Recht 32
Art. 620   Landwirtschaftliche Gewerbe
Ausschluß der Teilung
    a) Voraussetzungen 33
Art. 620bis
    b) Zuweisung von beweglichen Sachen 35
Art. 621
    c) Bestimmung des Übernehmers 36
Art. 621bis
    d) Verfügungen von Todes wegen 38
Art. 621$^{ter, quater}$ 41
Art. 622—624 42
Art. 625   Nebengewerbe 43
Art. 625bis 46

Abkürzungen

aaO.	am angeführten Ort
a. E.	am Ende
a. M.	anderer Meinung
BBl.	Schweizerisches Bundesblatt
BGE	Entscheidung des Schweiz. Bundesgerichts (Amtliche Sammlung)
BS	Bereinigte Sammlung der Bundesgesetze 1848—1947
Homberger	Zürcher Kommentar zum ZGB, Sachenrecht, 3. Abteilung, 2. Aufl.
Komm.	Arnold Escher, Zürcher Kommentar zum Erbrecht des Schweiz. ZGB, 3. Aufl.
LEG	BG über die Entschuldung landw. Heimwesen vom 12. 12. 1940
N.	Note
OR	Schweiz. Obligationenrecht
Ostertag	Berner Kommentar zum ZGB, Sachenrecht, 3. Abteilung, 2. Aufl.
SchlT	Schlußtitel zum ZGB
Schönenberger/Jäggi	Zürcher Kommentar zum Schweiz. Obligationenrecht, 3. Aufl. Teilband 1a, Art. 1—17
SJZ	Schweiz. Juristen-Zeitung
Sten.Bull. NR	Stenographisches Bulletin der Bundesversammlung, Nationalrat
Sten.Bull. StR	Stenographisches Bulletin der Bundesversammlung, Ständerat
Tuor, Tuor/Picenoni	Berner Kommentar zum ZGB, Erbrecht, 2. Aufl.
ZBGR	Schweiz. Zeitschrift für Beurkundungs- und Grundbuchrecht
ZGB	Schweiz. Zivilgesetzbuch
ZR	Blätter für zürcherische Rechtsprechung

1. Kapitel. Allgemeines, Randgebiete.

Literatur: *Neukomm,* Rechtspolitische Aspekte zur Revision des bäuerlichen Zivilrechts, ZBGR 49 S. 321 ff.; Otto K. *Kaufmann,* Les modifications du droit civil rural selon le message du Conseil fédéral du 29. 4. 1970, ZBGR 51 S. 257 ff.; Hans Peter *Friedrich,* Zur Revision des bäuerlichen Zivilrechts, ZBGR 51 S. 270 ff. Vgl. Botschaften des Bundesrates, BBl. 1963 I 969 ff., 1970 I 805, Ergänzungsbotschaft vom 8. März 1971, BBl. 1971 I 737 ff.

Inhaltsübersicht
I. Allgemeine Einleitung, N. 1—6.
II. Speziell Art. 334 (633) und 603 ZGB, N. 7—15.
  1. Anspruchsberechtigung, N. 8.
  2. Art des Anspruchs, N. 9.
  3. Fälligkeit, N. 10—11.
  4. Verhältnis zum Testament, N. 12.
  5. Höhe des Anspruchs, N. 13.
  6. Verhältnis zum Arbeitsvertrag, N. 14.
  7. Art. 603 Abs. 2, N. 15.
III. Streichung des Art. 618 Abs. 2, N. 16.

I. Allgemeine Einleitung.

1 Seit dem Erscheinen der 3. Auflage des Erbrechtskommentars sind auf dem Gebiete des landwirtschaftlichen Erbrechtes wiederum gewisse Gesetzesänderungen eingetreten. Eine erste erfolgte durch das Bundesgesetz über die Änderung der Vorschriften des ZGB und OR betr. das Baurecht und den Grundstückverkehr, in Kraft getreten am 1. Juli 1965, womit Art. 619 ZGB, das Gewinnanteilsrecht der Miterben betreffend, eine eingehendere Regelung in sieben Artikeln (Art. 619 bis 619^{sexies}) erfuhr.

2 Das Bundesgesetz über Änderungen des bäuerlichen Zivilrechts vom 6. Oktober 1972, in Kraft getreten am 15. Februar 1973, brachte sodann wiederum eine Anzahl Neuerungen vor allem auf dem Gebiet des landwirtschaftlichen Erbrechts mit sich. In Art. 620 wurde ein neuer Abs. 2 eingefügt, der die Beurteilung der Frage der ausreichenden landwirtschaftlichen Existenz erleichtern soll. Der frühere Abs. 2 wird zu Abs. 3, während statt des bisherigen Abs. 3 mit kleiner sprachlicher Abänderung, anscheinend um Gesetzesartikel mit mehr als drei Alineas zu vermeiden, in etwas schematischer Weise ein neuer Art. 620bis eingefügt wurde.

Allgemeines, Randgebiete

3   Eine ziemlich weitgehende Änderung hat Art. 621 erfahren. Beim Entscheid über die Zuweisung des Gewerbes sind nur noch die persönlichen Verhältnisse der Erben zu berücksichtigen. Das Vorrecht der Söhne wird aufgehoben, und die Töchter werden in allen Teilen den Söhnen gleichgestellt, wobei auch die Fähigkeit des Ehegatten des Erben zu berücksichtigen ist, der die ungeteilte Zuweisung verlangt.

4   Es wird sodann ein neuer Art. 621bis eingefügt, der die bisher bestehende Streitfrage, wieweit ein Erblasser durch Verfügung von Todes wegen eine Änderung des bäuerlichen Erbrechtes anordnen könne, zum Gegenstand hat. Die bisherigen Art. 621$^{bis, \, ter}$ erhalten die Bezeichnung $^{ter, \, quater}$; der frühere Art. 621^{quater} wird aufgehoben.

5   Gewisse im einzelnen noch zu besprechende Abänderungen enthält sodann Art. 625.

Schließlich sind die nachstehend zu besprechenden Änderungen in bezug auf Art. 633, 603 und 618 Abs. 2 zu erwähnen.

6   Zu bedauern ist, daß nicht eine Bestimmung aufgenommen worden ist, die die Streitfrage, ob ein Anteil an Gemeinschaftseigentum (Miteigentum) an einem landwirtschaftlichen Gewerbe einem Gewerbe gleichgestellt werden könne, gelöst hätte (vgl. Komm. N. 26 zu Art. 620). Da dies zwar nicht dem Wortlaut, jedoch dem Sinne des Gesetzes entspräche, wäre zu überlegen, ob die Rechtsprechung hier nicht eine Gesetzeslücke annehmen könnte, dies insbesondere angesichts der in der Gesetzesrevision zum Ausdruck gelangenden Verstärkung der Grundsätze des bäuerlichen Erbrechts.

II. Speziell Art. 334 (633) und Art. 603 ZGB.

7   Eine wesentliche Änderung durch die Novelle von 1972 liegt darin, daß Art. 633 ZGB über den Lidlohn aufgehoben wird. Er wird mit Art. 334, der die entsprechenden Forderungen unter dem Gesichtspunkt des Familienrechts regelt, zusammengelegt, der ebenfalls abgeändert und in zwei Artikel zerlegt wird. Für eine eingehende Kommentierung dieser Bestimmungen, die über das bäuerliche Erbrecht hinausgehen, ist daher in diesem Kommentar kein Raum. Immerhin sei auf die Unterschiede, die sich daraus, insbesondere in erbrechtlicher Hinsicht, gegenüber dem bisherigen Rechtszustand ergeben, kurz hingewiesen.

Art. 334

Mündige Kinder oder Großkinder, die ihren Eltern oder Großeltern in gemeinsamem Haushalt ihre Arbeit oder ihre Einkünfte zugewendet haben, können hiefür eine angemessene Entschädigung verlangen.

Im Streitfalle entscheidet der Richter über die Höhe der Entschädigung und die Art und Weise der Bezahlung.

Art. 334 bis

Schon zu Lebzeiten des Schuldners kann sie geltend gemacht werden, wenn gegen ihn eine Pfändung erfolgt oder über ihn der Konkurs eröffnet wird, wenn der gemeinsame Haushalt aufgehoben wird oder wenn der Betrieb in andere Hände übergeht.
Sie unterliegt keiner Verjährung, muß aber spätestens bei der Teilung der Erbschaft des Schuldners geltend gemacht werden.

1. Anspruchsberechtigung. Während sich diese bisher auf die Kinder beschränkte, sind nun auch die Großkinder anspruchsberechtigt. Eine noch weitergehende Ausdehnung war verschiedentlich gefordert, aber schließlich abgelehnt worden (BBl. 1971 I 744). 8

2. Art des Anspruchs. Bisher konnte eine Entschädigung für die Arbeit des Hauskindes bloß im Falle der Pfändung (Art. 334) oder bei der Erbteilung im Sinne einer „billigen Ausgleichung" beansprucht werden. Nach der neuen Formulierung wird eine „angemessene Entschädigung" unabhängig davon geschuldet, und ist bloß die Fälligkeit an gewisse Voraussetzungen geknüpft (siehe unten N. 10). Den Erben wird in diesem Sinne ein Forderungsanspruch eingeräumt. Damit ist geklärt, daß es sich nicht wie nach der herrschenden Ansicht zu Art. 633 (vgl. Komm. N. 21 ff.) um einen erbrechtlichen Anspruch handelt, der vor den schuldrechtlichen zurückzutreten hätte, sondern um einen schuldrechtlichen (BBl. 1971 I 744, vgl. auch die Kritik an der bisher herrschenden Meinung bei *Tuor/Picenoni* N. 10 zu Art. 633; *Piotet,* SJZ 59 [1963] S. 245 ff.). Daran ändert auch Art. 603 Abs. 2 nichts, wonach die Schuld zu den Erbschaftsschulden zu rechnen ist. Die Forderung kann nun grundsätzlich, da nicht mehr nur Naturalobligation, vor den Gerichten geltend gemacht werden. 9

3. Fälligkeit. Diese ist auf den Tod des Erblassers hinausgeschoben, was unerwünschte Streitigkeiten zwischen Familiengliedern ausschließen soll (vgl. *Comment,* ZBGR 44, S. 342). Sie tritt zudem bei Lebzeiten ein in den schon in alt Art. 334 genannten Fällen, nämlich bei der Pfändung und im Konkurs und ferner neu, wenn der gemeinsame Haushalt aufgehoben wird oder der Betrieb in andere Hände übergeht. Das muß auch gelten bei Handänderung infolge Erbganges, infolge Verpachtung (Blätter für Agrarrecht 1973 S. 7). Könnte diese Neuerung nicht manches Hauskind dazu verleiten, den elterlichen Haushalt zu verlassen, nur um 10

Allgemeines, Randgebiete

eine Forderung geltend machen zu können? Ein Rechtsmißbrauch wird da kaum je nachzuweisen sein. Anderseits hätte, wie *Piotet* (SJZ 59 [1963] S. 251) vorschlug, ein Vorbehalt gemacht werden können für den Fall, daß der Schuldner in Not geriete.

11 Letzter Termin einer Geltendmachung des Anspruches ist der Zeitpunkt der Erbteilung. Hier wirken noch gewisse Momente der frühern Regelung nach. Einerseits soll wie bei der Erbteilungsklage keine Verjährung eintreten, anderseits kann der Anspruch, wie schon früher, nicht mehr nach der Teilung geltend gemacht werden (vgl. den abweichenden Vorschlag *Piotet* (SJZ 59 [1963] S. 250, wonach die Verjährung während der Lebzeiten des Schuldners nicht läuft). Es liegt zweifellos eine Verwirkung und keine Verjährung vor. Fraglich kann sein, ob der Anspruch noch bis zum Schlusse des Erbteilungsverfahrens erhoben und insbesondere eine Klage bis zu jenem Zeitpunkte eingeleitet werden könne. Der Zweck der Vorschrift ist nur dann voll erreicht, wenn die Anmeldung vor der Erstellung des Erbschaftsinventars erfolgt, da sonst dieses wieder abgeändert werden muß. Eine Interessenabwägung führt aber doch dazu, daß die Notwendigkeit einer Abänderung des Inventars der kleinere Nachteil ist gegenüber einem völligen Ausschluß der Forderung. Entscheidend ist wohl, daß die Forderung, bei der es sich um eine Erbschaftsforderung handelt, bei der Teilung überhaupt noch muß berücksichtigt werden können, was auch nach Aufstellung des Teilungsinventars noch der Fall ist. Entsprechend dem Wortlaut der Bestimmung ist daher die Anmeldung oder Klage noch bis zum Abschluß der Teilung, d. h. bis zu der Zuweisung der einzelnen Teile zuzulassen.

12 **4. Verhältnis zum Testament.** Liegt nach Art. 603 Abs. 2 eine Erbschaftsschuld vor, so kann der Erblasser den Anspruch nicht durch Verfügung von Todes wegen unwirksam machen. Zweifel mögen immer noch bestehen, wenn der Erblasser sein Vermögen zu seinen Lebzeiten unter Erlaß der Ausgleichungspflicht unter seine übrigen Erben verteilt hat. Da dem Hauskinde für die in Frage stehende Forderung kein dem Pflichtteil entsprechender Anspruch zusteht, besteht kaum die Möglichkeit, Remedur zu schaffen. Wenn das Bundesgericht hier einen Ausgleichsanspruch bejaht hat (BGE 52 II 339), so war das, solange es sich um ein gewissermaßen ausgleichungsrechtliches Institut handelte, noch eher zu begründen.

13 **5. Höhe des Anspruchs.** Während früher von einer „billigen Ausgleichung" die Rede war, soll nun eine angemessene Entschädigung verlangt werden können. Schloß das „billig" in sich, daß ein normaler Lohn das Maximum darstelle, so verstärkt das Wort „angemessen" den Anspruch.

Indessen liegt auch in diesem Wort ein gewisses Ermessenselement und werden Umstände, welche die geforderten Beträge als unbillig erscheinen lassen, auch hier berücksichtigt werden können. Insbesondere ist nicht nur auf die Bedürfnisse des Berechtigten, sondern auch auf die Leistungsfähigkeit des Pflichtigen angemessen Rücksicht zu nehmen und können auch Ratenzahlungen vorgesehen oder Zahlungsfristen eingeräumt werden (BBl. 1971 I 745).

6. Verhältnis zum Arbeitsvertrag. Mag auch das Anwendungsgebiet 14 für eine Entschädigungsforderung erheblich erweitert worden sein, so kann sie doch nicht ohne weiteres einem Lohne aus Arbeitsvertrag gleichgestellt werden. Es wurde denn auch absichtlich das Institut des Lidlohnes noch beibehalten, da nicht jeder landwirtschaftliche Betrieb in der Lage ist, die mitwirkenden Angehörigen voll zu entlöhnen (Botschaft BBl. 1971 I 743, vgl. BGE 90 II 446). Es besteht jedoch immer noch die Möglichkeit, daß zwischen den Beteiligten ein eigentlicher Arbeitsvertrag besteht, in welchem Falle sich die Entlöhnung nach diesem Vertrag richtet. Für die Konstruktion einer Lohnforderung auch ohne eigentlichen Arbeitsvertrag, wie sie oft versucht wurde (vgl. Komm. N. 7 ff. zu Art. 633), besteht kein erhebliches Bedürfnis mehr, da die Forderung im wesentlichen voraussetzungslos gewährt wird.

Art. 603 Abs. 2 15
Die angemessene Entschädigung, die den Kindern oder Großkindern für Zuwendungen an den mit dem Erblasser gemeinsam geführten Haushalt geschuldet wird, ist zu den Erbschaftsschulden zu rechnen, soweit dadurch nicht eine Überschuldung der Erbschaft entsteht.

Diese Bestimmung regelt den Charakter der auf Grund von Art. 334 ZGB bestehenden Schuld. Diese soll als Erbschaftsschuld (im Gegensatz zu einer Erbgangsschuld) behandelt werden, also wie eine gewöhnliche Schuld des Erblassers. Die Erben haften für diese Schuld solidarisch. Hingegen gilt das nur so weit, als nicht eine Überschuldung der Erbschaft entsteht. Die Haftung der Erben wird also auf die Höhe der Erbmasse beschränkt. Beträgt beispielsweise der Anspruch des Hauskindes 20 000, sind aber nur 15 000 vorhanden, so kann dieses nur 15 000 als Entgelt fordern, und die andern Erben gehen leer aus; sie müssen aber nicht über den Betrag des Nachlasses hinaus aus ihrem eigenen Vermögen zuschießen. Praktisch ist diese Einschränkung kaum von wesentlicher Bedeutung, weil ein überschuldeter Nachlaß ohnehin in der Regel ausgeschlagen werden wird; doch wird sich auf diese Weise oft eine Ausschlagung vermeiden lassen, was dem Hauskinde auch wieder zugutekommt.

16 **III. Streichung des Art. 618 Abs. 2**

Diese Bestimmung sah vor, daß wenn der Ertragswert nicht genügend bekannt ist, angenommen werde, er betrage drei Viertel des Verkehrswertes. Dieser Regel haftete etwas Schematisches an. Sie wurde auch durch die verfeinerten Schätzungsmethoden, wie sie insbesondere gemäß dem Schätzungsreglement vom 28. Dezember 1951 bestehen, weitgehend überflüssig gemacht. Die Streichung dieser Bestimmung bestätigt daher bloß einen schon seit längerer Zeit bestehenden Zustand.

2. Kapitel. Das Gewinnanteilsrecht der Miterben

Literatur: Hans Peter *Beck,* Das gesetzliche Gewinnanteilsrecht der Miterben, Diss. Zürich 1967; Pierre *Gasser,* Le droit des cohéritiers à une part du gain, Diss. Lausanne 1967; *Comment* in ZBGR 44 (1963) S. 328; *Bolla,* ZBGR 46 (1965) S. 257 ff., insbes. S. 266; *Eggen,* ZBGR 46 (1965) S. 269 ff., insbes. S. 285 ff.; *Gasser,* Quelques points controversés en matière de participation des héritiers au gain, ZBGR 53 (1972) S. 65 ff.; Peter *Liver,* Zum Gewinnanteilsrecht der Miterben, ZBGR 1973 S. 1 ff.

Einleitung

Inhaltsübersicht

1. Allgemeines, N. 1—5.
2. Art. 218^{quinquies} OR, N. 6—9.
3. Intertemporales Recht, N. 10—12.

1 **1. Allgemeines.** Art. 619 ZGB wurde schon durch das LEG von 1947 revidiert, indem damals die Frist zur Geltendmachung des Gewinnanteils von 10 auf 15 Jahre verlängert wurde, wobei die Kantone nach Art. 621^{quater} Abs. 2 die Möglichkeit hatten, die Frist für städtische Verhältnisse bis auf 25 Jahre zu verlängern, wovon jedoch wenig Gebrauch gemacht wurde. Im übrigen aber blieb die Bestimmung unverändert. Der dadurch bewirkte Schutz war jedoch ungenügend. Voraussetzung der Geltendmachung war eine Vormerkung im Grundbuch, welche oft durch die Miterben aus Unwissenheit oder aus Ungeschicklichkeit unterlassen wurde. Auch die Frist von 15 Jahren erwies sich noch häufig als zu kurz. Zudem war der Anspruch oft der Höhe nach unzureichend, beschränkte er sich doch auf den Anteil, den der Miterbe erhalten hätte, wenn das Grundstück bei der Teilung zum Verkehrswert angerechnet worden wäre.

2 Dementsprechend sind durch das Bundesgesetz über die Änderung der Vorschriften des ZGB und OR betr. das Baurecht und den Grundstückverkehr vom 19. März 1965, in Kraft getreten am 1. Juli 1965, im wesentlichen folgende Änderungen in Kraft gesetzt worden: Die Frist von 15 Jahren wurde auf 25 Jahre erhöht. Der Anspruch ist nicht mehr von der Vormerkung im Grundbuch abhängig. Diese ist lediglich Voraussetzung für die solidarische Haftbarmachung des Erwerbers (Art. 619^{quinquies}) oder für einen Gewinnanteil bei nicht landwirtschaftlichen Grundstücken (Art. 619^{sexies}). Der anrechenbare Gewinn soll grundsätzlich in der Differenz zwischen dem Übernahmepreis und dem Veräußerungspreis bestehen, unter Vorbehalt eines von den Erben geschaffenen Mehrwertes und eines noch zu erwähnenden prozentualen Abzuges. Die Revision hatte in erster Linie die Korrektur der erwähnten offensichtlichen Mängel zum Gegenstand, wobei als Nebenerfolg eine gewisse antispekulative Wirkung gern in Kauf genommen wurde.

Ein Erblasser kann an sich durch Testament von der Pflicht zur Auslieferung des Gewinnanteils dispensieren oder die Frist verkürzen oder verlängern. Er ist in diesem Falle aber durch die Pflichtteilsregelung gebunden. Denn es ist klar, daß diese Anordnung für den Übernehmer einen Vorteil bedeuten kann. Wenn z. B. testamentarisch die Pflicht zur Ausrichtung des Gewinnanteils auf 10 Jahre beschränkt wird, das Grundstück aber nach 15 Jahren verkauft wird, so entsteht ein Vorteil für den Übernehmer, und es ist zu prüfen, ob unter Berücksichtigung dieses Vorteils eine Pflichtteilsverletzung entsteht (vgl. *Gasser* S. 158 ff., Bundesgericht, ZBGR 50 [1969] S. 316). Welches der allenfalls der Herabsetzung unterliegende Gewinn ist, läßt sich aber erst nach erfolgtem Verkauf feststellen. Der Betrag des Grundstückerlöses ist in der Höhe dem Nachlaß zuzurechnen, als er den bei Bestehen der Gewinnanteilspflicht dem Übernehmer unter Berücksichtigung der jährlichen Reduktionen gemäß Art. 619bis Abs. 3 zustehenden Erlös übersteigt, und dieser Mehrerlös ist analog einem Vorempfang zu behandeln.

Die zehnjährige „Verjährung" des Art. 533 läuft jedoch vom Zeitpunkt der Eröffnung des Testamentes an, weshalb sie eintreten kann, bevor der Übernehmer verkauft und den Gewinn realisiert hat. *Gasser* schlägt eine „abstrakte" Herabsetzungsklage vor, während über das Ausmaß nötigenfalls in einem zweiten Prozeß entschieden wird (S. 160). Das wird wohl der sicherste Ausweg sein. Hingegen kann kaum eine Hemmung der Verjährung nach Art. 134 Ziff. 6 OR angenommen werden, da für diese abweichende Voraussetzungen bestehen. Diese Anwendung bietet vor allem dann Schwierigkeiten, wenn man, wie das der heute vorherrschenden Auffassung entspricht, die Frist des Art. 533 als Verwirkungsfrist betrachtet (vgl. aber für die Anwendbarkeit der Bestimmung Komm. N. 1 zu Art. 533 in Verbindung mit N. 1 a. E. zu Art. 521).

Das Gewinnanteilsrecht der Miterben

5   Im Gewinnanteilsrecht der Miterben wurde in den Beratungen eine gesetzliche Eigentumsbeschränkung im Sinne von Art. 680 ZGB erblickt. Das müßte jedoch zur Folge haben, daß sie einem jeden Dritten entgegengehalten werden könnte (vgl. *Beck* S. 117). Eine gesetzliche Eigentumsbeschränkung liegt aber bloß dann vor, wenn einzelne Herrschaftsbefugnisse, welche sich aus dem Begriff des Eigentums ergeben, generell entzogen werden (*Liver*, Komm. zu Art. 730 ff., Einleitung N. 85). Das Gewinnanteilsrecht entsteht jedoch nicht aus der Natur des Grundstückes, es liegt auch kein genereller Entzug gewisser Herrschaftsbefugnisse vor, sondern eine bloße Zahlungsverpflichtung unter besonderen Umständen, nämlich beim Verkauf. Eine Wirkung gegenüber jedem Dritten besteht daher nur im Falle einer Vormerkung nach Art. 619^{quinquies} und ^{sexies} (vgl. *Gasser* ZBGR 53 [1972] S. 66 ff.).

6   **2. Art. 218^{quinquies} OR.** Diese Bestimmung, die in engem Zusammenhang mit Art. 619 steht, lautet wie folgt:

„Der Verkäufer hat Anspruch auf den Gewinn, wenn ein Grundstück, das er auf einen Erben übertragen hat, weiter veräußert oder enteignet wird.

Der Gewinnanspruch wird nach den Vorschriften über die Erbteilung bestimmt."

Unter dem bis zum Jahre 1965 geltenden Gesetz war streitig gewesen, ob unter Anwendung der Ausgleichsregeln ein Gewinnanspruch in bezug auf ein Grundstück, das vom Erblasser zu Lebzeiten auf einen Erben übertragen worden ist, bestehen könne. Das Bundesgericht hat zwar nach Inkrafttreten des neuen Gesetzes von 1965, jedoch in Anwendung des alten Rechtes und im Gegensatz zu der vorherrschenden Lehre und Rechtsprechung, diese Frage bejaht (BGE 94 II 251).

7   Gemäß dem Bundesgesetz vom 19. März 1965 war vorerst ein neuer Text eingeführt worden, welcher folgendermaßen lautete:

„Auf die Weiterveräußerung oder die Enteignung eines Grundstückes, das vom Erblasser zu Lebzeiten auf einen Erben übertragen worden ist, finden die Vorschriften des Zivilgesetzbuches über den Anteil der Miterben am Gewinn entsprechende Anwendung."

Dieser Text ließ viele Fragen offen, so insbesondere jene, ob im Falle des Weiterverkaufs der Liegenschaft zu Lebzeiten des Veräußerers dieser oder seine Erben berechtigt seien, wobei nach dem Text das zweite anzunehmen war (*Beck* S. 134, *Gasser* S. 79). Mit der Revision von 1971 wurde das geändert und der eingangs angeführte Text in Kraft gesetzt.

Danach ist klargestellt, daß solange der Veräußerer lebt, der Gewinnanspruch ihm zusteht (BBl. 1971 I 755). Ist der Veräußerer im Zeitpunkt der Weiterveräußerung gestorben, so geht das Recht auf seine Erben über, und diese können alsdann den Gewinnanteil geltend machen. Ein selbständiger Anspruch steht aber den Miterben nicht zu, und sie können daher den Anspruch nicht mehr erheben, wenn der Erblasser selber darauf verzichtet hat; vgl. die Kritik bei *Liver,* ZBGR 1973, S. 8.

Mit dieser Änderung ist der Bestimmung der erbrechtliche Charakter weitgehend entzogen, und es werden bei diesem Anspruch unter Lebenden lediglich im Erbrecht verankerte Grundsätze angewendet. Indessen dürfte diese Anwendung nicht immer leichtfallen, auch wenn gewisse Schwierigkeiten durch die Gesetzesänderung behoben sind. Klar scheint, daß sich die Bestimmung nur auf landwirtschaftliche Grundstücke bezieht, sind doch Art. 218bis bis ^{quater} bloße Ausführungsvorschriften zu Art. 218, der einzig solche zum Gegenstand hat. Die Frist von 25 Jahren läuft in diesem Falle von der Eintragung des zukünftigen Erben im Grundbuch an *(Gasser* S. 144). Es wird nun auch möglich sein, beim Verkauf an einen Erben den Anspruch im Grundbuch vorzumerken (Art. 619^{quinquies}) und so die Solidarhaftung des künftigen Erwerbers mit dem Erben zu erreichen.

Kann der Anspruch auch geltend gemacht werden, wenn der Erwerber im Zeitpunkt der Übertragung präsumptiver Erbe ist, tatsächlich aber nicht Erbe wird, so beispielsweise, wenn die Übertragung an einen Bruder erfolgte, der Veräußerer aber nachträglich Nachkommen erhalten hat? Der Grund für die Einführung des Gewinnanteilsrechts in solchen Fällen liegt auch nach der neuen Bestimmung darin, daß der Empfänger auch dann ausgleichen müßte, wenn die Übertragung erst im Erbfalle erfolgt wäre. Mit dem Wegfall der Erbeneigenschaft fällt daher der Gewinnanteil dahin und müßte auch eine allfällige Vormerkung nach Art. 619^{quinquies}, als im Hinblick auf die gesetzliche Berechtigung eingetragen, dahinfallen. Natürlich kann sich aus den Vereinbarungen ergeben, daß das Gewinnanteilsrecht in einem solchen Falle rein obligatorisch weiter gelten soll.

Fraglich kann es sein bei der Ausschlagung, der Enterbung. Daß der Gewinnanspruch nach den Regeln über die Erbteilung bestimmt wird, würde eher gegen eine Anwendung sprechen (vgl. Komm. 14 zu Art. 626 ZGB). Der Anspruch ist aber doch so weit vom Erbrecht gelöst, daß ein Bestehen des Gewinnanteilsrechtes auch in diesem Falle zu bejahen ist. Erfolgt die Veräußerung zu Lebzeiten des Veräußerers, so steht ja auch noch gar nicht fest, ob der empfangende Erbe die Erbschaft wirklich erwerben würde.

Das Gewinnanteilsrecht der Miterben

10 **3. Intertemporales Recht.** Der Entwurf enthielt die Bestimmung, wonach sich der Anspruch auf Anteil am Gewinn für vor dem Inkrafttreten der Gesetzesnovelle erworbene Grundstücke nach den neuen Vorschriften richte, wenn er im Grundbuch vorgemerkt und die Frist des alten Rechtes von 15 Jahren noch nicht abgelaufen sei. Diese Bestimmung wurde in den eidgenössischen Räten gestrichen, da sie dem Grundsatz der Nichtrückwirkung der neuen Gesetze widerspreche (Sten.Bull. NR 1964 S. 379, S. 402 ff., StR 1964 S. 339, 343, BGE 94 II 245, ZBGR 50 [1969] S. 82). Es sind daher die allgemeinen Regeln über die zeitliche Rechtsanwendung zu beachten.

11 Nach Art. 15 SchlT werden daher die erbrechtlichen Verhältnisse, wenn der Erblasser vor dem Inkrafttreten der neuen Bestimmungen gestorben ist, auch nachher durch das alte Recht bestimmt. Ist der Tod des Erblassers vor dem 1. Juli 1965 eingetreten, so kann der Gewinnanspruch nur während 15 Jahren nach der Eintragung der Übertragung im Grundbuch geltend gemacht werden. Auch ist dessen Voraussetzung immer noch die Vormerkung im Grundbuch. Ebenfalls berechnet sich diesfalls die Höhe des Anspruches nach der früheren Regelung.

12 Das Bundesgericht hat entschieden, für die Frage eines Gewinnanteilsrechtes unter Lebenden (vgl. N. 6 ff.) sei das Gesetz maßgebend, welches im Zeitpunkte des Grundstückerwerbes galt (BGE 94 II 245, *Gasser* S. 171 ff.). Diese Lösung dürfte Art. 1 SchlT entsprechen (*Beck* S. 146).

Art. 619

Anteil der Miterben am Gewinn. a) Anspruch.

Hat ein Erbe ein landwirtschaftliches Grundstück zugeteilt erhalten, für das nicht der Verkehrswert, sondern ein niedrigerer Übernahmepreis festgesetzt worden ist, so sind die Miterben berechtigt, bei der Veräußerung oder Enteignung des Grundstückes oder eines Teiles desselben binnen der folgenden fünfundzwanzig Jahre ihren Anteil am Gewinn zu beanspruchen.

Der Veräußerung sind Rechtsgeschäfte gleichgestellt, mit welchen der Erbe den Wert des Grundstückes ganz oder teilweise umsetzt, wie insbesondere die Begründung eines Baurechts oder eines Rechts zur Ausbeutung von Bodenbestandteilen.

Maßgebend für den Zeitpunkt der Veräußerung ist der Abschluß des Vertrages, mit dem sich der Erbe zur Eigentumsübertragung verpflichtet, und im Enteignungsfalle die Einleitung des Verfahrens.

Literatur: Siehe bei Einleitung zum 2. Kapitel.

Inhaltsübersicht
1. Persönliches Anwendungsgebiet, N. 1.
2. Landwirtschaftliches Grundstück, N. 2.
3. Zuteilungswert, N. 3—5.
4. Veräußerung des Grundstückes, N. 6, 7.
5. Tod eines Beteiligten, N. 8.
6. Keine Vormerkung, N. 9.
7. Frist, N. 10—11.
8. Gewinnanteil, N. 12.
9. Art des Anspruchs, N. 13.
10. Der Veräußerung gleichgestellte Geschäfte, Abs. 2, N. 14—17.
11. Zeitpunkt der Veräußerung, Abs. 3, N. 18—19.

1. Persönliches Anwendungsgebiet. Grundsätzlich muß der Zuteilungsempfänger Erbe sein. Indessen dürfte eine Anwendung der Bestimmung auch dann analog in Frage kommen, wenn ein Vermächtnisnehmer ein Grundstück zum Ertragswert oder zu einem unter dem Verkehrswert liegenden Werte erhalten hat (*Gasser* S. 39).

2. Landwirtschaftliches Grundstück. Der bundesrätliche Entwurf sowie noch ein Beschluß des Nationalrates sprachen von einem landwirtschaftlichen Grundstück oder einem andern Grundstück. Diese letzten vier Worte wurden gestrichen (vgl. Sten.Bull. StR 1964 S. 323, 334; *Beck* S. 15), so daß nunmehr nur noch ein landwirtschaftliches Grundstück in Frage kommt, wie das auch gemäß dem bisherigen Gesetz angenommen wurde, obwohl es sich aus dem Wortlaut nicht klar ergab. Ob ein Grundstück ein landwirtschaftliches sei, entscheidet sich nach dem Stande bei der Zuweisung (*Beck* S. 86). Über den landwirtschaftlichen Charakter eines Grundstückes oder Gewerbes siehe Komm. N. 17 ff. zu Art. 617. Das Bedürfnis nach einem Gewinnanteil ist denn auch bei nichtlandwirtschaftlichen Grundstücken erheblich weniger groß, weil hier die Beteiligten grundsätzlich frei sind, den Wert bei der Teilung nach einem einheitlichen Maßstab zu bestimmen. Auszunehmen wären höchstens Bewertungen durch den Erblasser in seiner Verfügung, die aber eine von ihm gewollte und unter Umständen durch Herabsetzungsklage rückgängig zu machende Besserstellung enthalten. Eine von Gesetzes wegen eintretende Pflicht zur Auslieferung eines Teiles des Gewinnes war daher nicht notwendig. Die Beteiligten haben aber auch hier nach Art. 619^{sexies} die Möglichkeit, eine Vormerkung im Grundbuch zu veranlassen, wie dies nach dem bisherigen Rechte für die Entstehung des Anspruches auch bei landwirtschaftlichen Grundstücken notwendig war.

Das Gewinnanteilsrecht der Miterben

3 **3. Zuteilungswert.** Wie schon nach früherem Recht muß der Zuteilungswert nicht unbedingt dem Ertragswert entsprechen, sondern genügt es, daß die Zuweisung sonstwie unter dem Verkehrswert erfolgt ist. Oft mag das Bedürfnis bestehen, ein Gewinnanteilsrecht auch dann zu geben, wenn die Zuteilung zwar zum damaligen Verkehrswert erfolgt ist, die Veräußerung aber doch zu einem erheblich höheren Werte stattfand. Eine solche Ausdehnung wurde auch erwogen, jedoch abgelehnt, da die Unzukömmlichkeiten wie Unsicherheit der einzelnen Ansprüche und dadurch entstehende Streitigkeiten größer gewesen wären, als der dadurch zu erzielende Vorteil (vgl. Botschaft BBl. 1963 I S. 1002/03). *Liver* (ZBGR 1973, S. 6) macht allerdings zu Recht darauf aufmerksam, daß dadurch das Recht der Miterben stark geschmälert wird. Ob, wie *Liver* (a.a.O) erwägt, zur Vermeidung dieser Folge der mit der Veräußerung erzielte Verkehrswert auf den Zeitpunkt der Teilung zurückbezogen werden könnte, ist aber doch fraglich.

4 Art. 38 Abs. 2 der Verordnung über die Verhütung der Überschuldung landwirtschaftlicher Liegenschaften vom 16. November 1945 (BS 9 S. 155), wonach, wenn sich die Erben über den Verkehrswert nicht verständigen, jeder Erbe befugt ist, den Verkehrswert im Zeitpunkt der Teilung durch die Schätzungsbehörde feststellen zu lassen, ist unter dem neuen Rechte nur noch dann von Bedeutung, wenn überhaupt streitig ist, ob die Zuweisung unter dem Verkehrswert erfolgt ist.

5 In der Regel werden die Beteiligten im Teilungsvertrag einen Zuweisungswert festsetzen; doch kann die Unterlassung nicht zur Nichtanwendung der Bestimmung führen (*Gasser* S. 60). Andernfalls muß der tatsächliche Übernahmewert anhand der Umstände (Betrag der Hypotheken usw.) ermittelt werden.

6 **4. Veräußerung des Grundstückes.** Das Gesetz spricht nicht mehr vom Verkauf des Grundstückes, sondern von Veräußerung. Damit sollte zum Ausdruck gebracht werden, daß auch kaufsähnliche Geschäfte darunter fallen; hingegen bedeutet der Ausdruck nicht, daß eine dingliche Verfügung nötig sei. Es ist wohl klarer als nach dem früheren Gesetz, daß auch ein Tausch darunter fällt, ebenso die Einbringung eines Grundstückes in eine Gesellschaft. Ebenfalls ist nicht zu bezweifeln, daß eine Veräußerung auf dem Zwangsvollstreckungswege davon erfaßt würde.

7 Die **Enteignung** ist der freiwilligen Veräußerung ausdrücklich gleichgestellt. Für den Expropriaten stellt das nun insofern keine Schädigungsgefahr mehr dar, als er bei Erwerb eines Ersatzgrundstückes durch Art. 619bis geschützt ist. Auch eine Veräußerung infolge Güterzusammenlegung, Quartierplanverfahren usw. dürfte unter die Bestimmung fallen

(*Jost*, Die Gewinnbeteiligung in der landwirtschaftlichen Güterzusammenlegung, SJZ 66 S. 229 ff., *Beck* S. 100).

Nach Abs. 2 sind der Veräußerung auch weitere Geschäfte, die den gleichen Zweck verfolgen, gleichgestellt (vgl. unten N. 14 ff.).

5. Tod eines Beteiligten. Statt eines Berechtigten kann gegebenenfalls sein Erbe den Gewinnanteil beanspruchen. Wie verhält es sich aber, wenn der Übernehmer innert der 25 Jahre verstirbt? Einstweilen tritt seine Erbengemeinschaft an seine Stelle und wird im Falle einer Veräußerung im Sinne von Art. 619 verpflichtet (*Liver*, ZBGR 1973, S. 5). Wird die Erbschaft des Übernehmers geteilt, so liegt darin ebenfalls eine Veräußerung, die das Gewinnanteilsrecht in bezug auf den höheren Betrag, zu dem sie zugeteilt wird, entstehen läßt; eine Veräußerung durch den Erben des Übernehmers fällt dann nicht mehr unter Art. 619 (*Gasser* S. 146). Hingegen bleibt das Gewinnanteilsrecht aus der zweiten Erbteilung bis nach Ablauf von 25 Jahren bestehen.

6. Keine Vormerkung. Entgegen dem früheren Recht können die Ansprüche nach Art. 619 von Gesetzes wegen geltend gemacht werden, wenn die Voraussetzungen dazu erfüllt sind. Diese Regelung ist gerechtfertigt, hängt doch dann die Geltendmachung des Gewinnanteilsrechts nicht mehr von einer Handlung ab, die oft aus Rechtsunkenntnis, Unbeholfenheit oder Nachlässigkeit unterlassen wurde. Eine Vormerkung im Grundbuch ist jedoch immer noch möglich (Art. 619^{quinquies} und ^{sexies}).

7. Frist. Die Frist, innert welcher ein Verkauf stattfinden muß, um eine Gewinnbeteiligung auszulösen, ist, nachdem sie schon im Jahre 1947 von 10 auf 15 Jahre verlängert worden war, auf 25 Jahre erweitert worden. Mag auch jeder Frist etwas Schematisches anhangen, so wird dieser Nachteil durch eine lange Frist, hier ist es beinahe eine Generation, gemildert. Ein allzu abrupter Übergang wird auch durch die gemäß Art. 619bis Abs. 2 nach Maßgabe der Dauer vorzunehmenden, allerdings problematischen Abzüge vermieden.

Die Frist beginnt, wie nach dem frühern Recht, mit der Eintragung der Übertragung im Grundbuch zu laufen (vgl. *Gasser* S. 144). Liegt eine Übertragung zu Lebzeiten vor (Art. 218^{quinquies} OR), so beginnt die Frist mit dieser Übertragung (vgl. N. 8 Vorbem.). Über die Einhaltung der Frist bei Abschluß des Vertrages innert 25 Jahren siehe unter N. 18.

8. Gewinnanteil. Der Gewinn ist im Verhältnis der einzelnen Erbteile zu verteilen (unter Vorbehalt der Reduktion gemäß Art. 619bis Abs. 2), wobei an die Stelle der inzwischen verstorbenen Erben ihre Erben zu jenem Anteile treten, der ihnen zugefallen wäre, wenn ihr Vorgänger schon im Zeitpunkt des Erbfalles vorverstorben gewesen wäre. Der Übernehmer kann seinen Anteil behalten und muß den übrigen Erben ihren Anteil auszahlen, unter Umständen mit solidarer Haftbarkeit des Erwerbers (Art. 619^{quinquies}).

13   **9. Art des Anspruchs.** Wird, wie nach dem frühern Recht, eine Fortführung der Erbengemeinschaft für den Rest der Erbschaft angenommen, der sich in Zukunft in Gestalt eines erzielten Gewinnes ergeben kann (vgl. Komm. N. 19 zu Art. 619), so hat jeder Miterbe Anspruch auf Teilung. Ob diese Konstruktion noch haltbar sei, ist zwar fraglich (vgl. N. 7 zu Art. 619^{quinquies}); doch besteht das Recht jedes Erben, seinen Anteil zu verlangen, auf jeden Fall. Jeder Erbe kann daher den Erwerber für seinen Anteil einklagen (*Gasser,* ZBGR 53 [1972] S. 69 ff.), doch werden sich die verschiedenen Miterben zweckmäßigerweise zusammenschließen. Jedenfalls muß sich die Klage nicht gegen die ganze Erbengemeinschaft richten.

14   **10. Der Veräußerung gleichgestellte Geschäfte, Abs. 2.** Nach dem alten Gesetz war die Unterstellung von Geschäften, die nicht eigentliche Veräußerungen zum Gegenstand hatten, zweifelhaft. Zwar hat das Bundesgericht in Anwendung des alten Rechtes schon den Wertumsatz einer Veräußerung gleichgestellt (BGE 97 II 312). Das mag aber in Anlehnung an das damals schon in Kraft stehende, aber auf den Fall noch nicht anwendbare neue Recht geschehen sein, erklärt doch das Bundesgericht, die seit dem 1. Juli 1965 in Kraft stehende Fassung von Art. 619 wolle die bisherige Ordnung lediglich verdeutlichen und vervollkommnen. Ob es ohne die Gesetzesänderung schon so entschieden hätte, ist fraglich.

15   In Frage kommt nach dem Gesetze vor allem die Begründung eines Baurechts nach Art. 779. Mit der Einräumung eines solchen Rechts gibt denn auch der Belastete seine Rechte an dem Grundstück weitgehend auf.

Das Recht zur Ausbeutung von Bodenbestandteilen besteht beispielsweise in der Ausbeutung einer Kiesgrube (BGE 97 I 314), eines Steinbruches; ebenso im Betrieb einer Gärtnerei oder Baumschule. Auch hier wieder ist in erster Linie an ein Baurecht oder eine Dienstbarkeit zu denken. Der Gesetzeswortlaut läßt aber auch bloße obligatorische Rechte (z. B. Pacht) zu, wogegen nicht der Umstand spricht, daß ein Antrag Herzog (Sten.Bull. StR 1964 S. 337), welcher eine erweiterte Fassung vorschlug, abgelehnt worden ist (a. M. *Eggen,* ZBGR 46, S. 288). Die Schwierigkeit der Berechnung des Gewinnes wird im einen wie im andern Falle bestehen.

Die Zweckentfremdung muß eine dauernde sein, und sie muß ohne 16
größeren Schaden nicht mehr rückgängig gemacht werden können (*Beck*
S. 97). Nach dem Bundesgericht kann nicht wesentlich sein, ob der Übernehmer des Grundstückes die Bodenschätze selber ausbeutet oder dies
einem Dritten überläßt (BGE 97 II 315). Bei einer eigenen Ausbeutung
geht eine solche Praxis aber über den Wortlaut des Gesetzes hinaus (vgl.
Sten.Bull. StR 1964 S. 337, *Eggen*, ZBGR 46, S. 288).

Schwierigkeiten kann die Berechnung des maßgebenden Gewinn- 17
anteils bei einer derartigen Gewinnabschöpfung bieten. Das Bundesgericht (BGE 97 II 319) hat den Betrag des aus dem Kiesvorkommen gezogenen Gewinns zugrundegelegt und den entstandenen landwirtschaftlichen Ertragsausfall abgezogen. Der sich ergebende Betrag wurde dann
unter die Miterben verteilt. Dieser Berechnungsart ist entgegenzuhalten, daß im Widerspruch mit Art. 619bis hier der „Übernahmepreis" des
Erben überhaupt nicht berücksichtigt wird. Auch läßt sich die Gesamtsumme der Erträgnisse erst nach Abschluß der Ausbeute errechnen.
Richtiger ist, von dem kapitalisierten Betrag des Baurechtszinses oder
des sonstigen Gewinns der Ausbeute auszugehen und diesen mit dem
Übernahmepreis in Beziehung zu setzen. Allerdings wird auch das oft
Schwierigkeiten bieten, insbesondere wenn noch nicht feststeht, wie
lange die Ausbeute bestehen wird. Entweder muß hier auf die Vertragsdauer abgestellt werden oder, falls es sich um sich erschöpfende Bodenschätze handelt, auf die mutmaßliche Dauer der Gewinnungsmöglichkeit.
Wie *Eggen* (ZBGR 46 [1965] S. 288) mit Recht hervorhebt, wird der Richter hier vor eine nicht leicht zu lösende Aufgabe gestellt.

11. Zeitpunkt der Veräußerung, Abs. 3. Als solcher gilt nunmehr 18
der Vertragsschluß, womit die nach dem früheren Rechte bestehende
Kontroverse entschieden ist (vgl. SJZ 66 S. 230). Das Gewinnanteilsrecht
besteht daher, wenn der Veräußerungsvertrag innert 25 Jahren nach Eintragung der Übernahme im Grundbuch abgeschlossen wurde, womit gewissen Mißbräuchen der Riegel geschoben wird. Anderen kann wohl nach
Abs. 2 beigekommen werden, wie im Falle eines Vorvertrags oder der
Begründung eines Kaufrechts (*Liver*, ZBGR 54 [1973] S. 11). Bei einem
veräußerungsähnlichen Geschäft ist maßgebend der Vertrag, mit welchem der Übernehmer einem Dritten den Wertumsatz in der Weise verspricht, daß er das Geschäft ohne wesentliche Nachteile nicht mehr rückgängig machen kann (*Beck* S. 113). Im Falle der **Enteignung** ist die Einleitung des Verfahrens maßgebend. Vorverhandlungen in bezug auf eine
gütliche Einigung fallen daher nicht in Betracht, sofern nicht durch einen
behördlichen Akt ein eigentliches Enteignungsverfahren eingeleitet wor-

19 Die **Fälligkeit** tritt erst ein, wenn der Gewinn realisiert ist, was speziell bei Geschäften mit aufgeschobenem Zahlungstermin von Bedeutung ist. Die Verjährungsfrist, welche zehn Jahre beträgt, beginnt erst in jenem Zeitpunkt zu laufen (*Gasser* S. 137).

Art. 619 bis

b) Gewinn. Der Gewinn besteht in dem Betrag, um den der Veräußerungspreis oder die Enteignungsentschädigung den Übernahmepreis zuzüglich des durch eigene Aufwendungen des Erben geschaffenen Mehrwertes übersteigt.

Von der Anteilsberechtigung der Miterben ausgenommen sind zwei Hundertstel des Gewinnes für jedes Jahr, während dessen das Grundstück im Eigentum des Erben stand.

1 **1. Grundsätzliches.** Während nach der früheren Regelung (Art. 619 Abs. 2) für den Gewinnanspruch maßgebend war die Differenz zwischen dem Anrechnungswert und dem Verkehrswert, beides zur Zeit der Teilung, der spätere Wertzuwachs also ganz dem Übernehmer zugute kam, erstreckt sich das Gewinnanteilsrecht nach der neuen Bestimmung grundsätzlich und unter Vorbehalt der noch zu erwähnenden Ausnahmen auf die ganze Differenz zwischen dem Veräußerungspreis (oder der Enteignungsentschädigung) und dem Übernahmepreis. Damit ist eine klare Regelung getroffen und fällt die oft schwierige Feststellung des Verkehrswertes für die Ermittlung des Gewinnanteils weg. Allerdings ist auch jetzt noch Voraussetzung, daß die Liegenschaft bei der Teilung nicht zum Verkehrswert übernommen worden ist; vgl. N. 3 zu Art. 619. In Grenzfällen kann allerdings diese Regelung auch unbillige Resultate zur Folge haben (*Gasser*, ZBGR 53 [1972] S. 70 ff.).

2 Schwierigkeiten kann die Bestimmung des Gewinnes beim *Tausch* bieten. Die Regeln der Ersatzbeschaffung (Art. 619ter) können hier m. E. nicht angewendet werden (a. M. zum Teil *Beck* S. 106). Vielmehr muß der zur Zeit des Tausches geltende Verkehrswert für beide Grundstücke berechnet und der teilungspflichtige Gewinn so berechnet werden, wie wenn das Grundstück zum Verkehrswert veräußert worden wäre (*Beck* S. 107). Bei der Ausbeutung von Bodenbestandteilen kommt die Differenz zwischen dem kapitalisierten Wert dieses Anspruchs und dem Übernahmepreis in Frage (siehe N. 17 zu Art. 619).

2. Mehrwert durch eigene Aufwendungen. Der zweite Teil von Abs. 1 betrifft den Mehrwert, der durch Aufwendungen an dem veräußerten Grundstück selbst geschaffen worden ist, im Gegensatz zu Art. 619^{quater}, der die Schaffung von Mehrwert eines nicht auf dem veräußerten Grundstück liegenden, aber zu dem Gewerbe gehörenden und aus der gleichen Erbschaft stammenden Gebäudes betrifft.

Der alte Text sprach von Verbesserungen, Bauten, Holzzuwachs und dergleichen. Der Ausdruck „Aufwendungen" ist demgegenüber klarer, da sich daraus ergibt, daß nur Beträge, die vom Veräußerer selber ausgelegt worden sind, darunter fallen, während beispielsweise der Holzzuwachs auch durch Nachwuchs eines Baumbestandes möglich war. Im wesentlichen handelt es sich aber auch hier um Wertvermehrungen, die beispielsweise durch Meliorationen oder sonstige Änderungen der Bewirtschaftung entstehen. Daran ändert es nichts, daß diese Verbesserungen dem Erwerber, der bauen will, nichts nützen. Wird Art. 619 auch in erster Linie bei Verkauf zu Bauzwecken zur Anwendung gelangen, so ist doch Voraussetzung lediglich die Veräußerung eines unter dem Verkehrswert zugeteilten Grundstückes zu einem höheren Preis. Die Bestimmung bezweckt ja auch einen Schutz des Veräußerers, der nicht mehr abliefern muß, als er netto aus dem Grundstück gezogen hat. Vor allem gelangt die Bestimmung zur Anwendung bei Verbesserungen von Gebäulichkeiten, aber auch bei Neubauten auf dem Grundstück, auch hier gleichgültig, ob sie für den Erwerber einen Wert bedeuten oder er sie vielleicht wieder abreißt.

3. Abzug von zwei Hundertsteln für jedes Jahr, Abs. 2. Da nunmehr grundsätzlich die Differenz zwischen dem Übernahmepreis und dem Veräußerungspreis maßgebend ist, könnte ein Anreiz, ein Grundstück günstig zu veräußern, für den Übernehmer nicht mehr bestehen, wenn er den Gewinn vollständig mit dem Miterben teilen müßte. Vor allem aber würde der Übernehmer schlecht fahren, soweit die Wertsteigerung lediglich auf die Geldentwertung zurückzuführen wäre. Bei den Vorarbeiten wurde versucht, den ehemaligen Übernahmepreis entsprechend der inzwischen eingetretenen Veränderung der Kaufkraft der Währung anzupassen. Dieser Gedanke wurde aber wieder fallengelassen, weil sich der Verwirklichung zu große Schwierigkeiten entgegengestellt hatten (BBl. 1963 I 1003). Statt dessen wurde die schematischere, aber einfachere

Das Gewinnanteilsrecht der Miterben

Lösung gewählt, wonach für jedes Jahr, während dessen das Grundstück im Eigentum des Erben stand, ein Prozentsatz abzuziehen ist, der nach dem Vorentwurf von 1963 1 % betragen hätte, nach dem Gesetz aber 2 % beträgt. Diese Lösung beachtet aber zu wenig, daß (mindestens theoretisch) die Kaufkraft des Geldes auch einmal steigen könnte, in welchem Falle die hauptsächlich unter dem Titel der Kaufkraftverminderung vorgesehenen Abzüge ihre Rechtfertigung verlören (*Beck* S. 26). Betr. Berechnung bei Zweckentfremdung siehe Art. 619 N. 17. Nach der vom Gesetze getroffenen Lösung ist nunmehr nach 25 Jahren nur noch die Hälfte des Gewinnes abzuliefern, wodurch der Übergang zu der Zeit, in welcher das Gewinnanteilsrecht nicht mehr besteht, gemildert wird. Vgl. auch das Beispiel zu Art. 619^{quater} N. 3 am Ende.

6   Die einzelnen Jahre sind von der Eintragung der Übernahme im Grundbuche an zu rechnen (vgl. N. 11 zu Art. 619), muß doch der Beginn mit jenem der 25jährigen Frist übereinstimmen. Wie verhält es sich mit angebrochenen Jahren? Die quotale Aufteilung in Bruchteile eines Jahres ist zu kompliziert. Richtig dürfte die Lösung sein, wonach ein weiterer Abzug erst dann zuzulassen ist, wenn ein Jahr vollendet ist; der Abzug wäre gerechtfertigt für jedes volle Jahr, in dem das Eigentum bestand. So wäre, sofern die Veräußerung innerhalb des ersten Jahres erfolgte, überhaupt kein Abzug vorzunehmen, im zweiten Jahr ein solcher von 2 % und so fort. Sind noch weitere Abzüge vorzunehmen, z. B. nach Art. 619ter und ^{quater}, so haben diese zuerst zu erfolgen, und der prozentuale Abzug nach Art. 619bis Abs. 2 hat alsdann von dem so errechneten Nettogewinn zu geschehen.

Art. 619ter

c) Ersatzgrundstück.   Erwirbt der Erbe ein anderes Grundstück als Ersatz für das veräußerte oder enteignete, um darauf sein bisher betriebenes Gewerbe weiterzuführen, so darf er vom Veräußerungspreis oder von der Enteignungsentschädigung den Erwerbspreis eines ertragsmäßig höchstens gleichwertigen Ersatzes abziehen.

Am Rest sowie am Gewinn aus der Veräußerung oder Enteignung des Ersatzgrundstückes sind die Miterben anteilsberechtigt.

1   **1. Allgemeines.** Diese Bestimmung will verhindern, daß ein Erbe, der durch die Umstände veranlaßt wird, das ihm zugeteilte Grundstück zu veräußern, ohne daß geradezu ein Zwang vorliegen muß (Sten.Bull.

NR 1964 S. 378), oder dem es expropriiert wird, der jedoch die Landwirtschaft weiter betreiben will, den Miterben den Gewinnanteil abliefern muß, während er anderseits ein Ersatzgrundstück, vielleicht wegen der Geldentwertung oder aus einem andern Grunde zu einem wesentlich höheren Preise als dem ursprünglichen Übernahmepreis erwerben muß. Der Zweck der Bestimmung ist somit ein verständlicher und begrüßenswerter; hingegen dürfte die Durchführung nicht ganz einfach sein.

2. Voraussetzungen. Der Übernehmer veräußert das Grundstück, oder es wird ihm durch Expropriation entzogen, und er kauft sich als Ersatz ein neues. Notwendig ist, daß er beabsichtigt, darauf sein Gewerbe weiterzuführen. Da der Gewinnanteil nach Art. 619 nur für landwirtschaftliche Grundstücke gilt, ist unter Gewerbe hier ein landwirtschaftliches Gewerbe zu verstehen. Im Streitfalle muß durch Sachverständige geklärt werden, ob das neue Grundstück die Voraussetzungen erfüllt, um ein solches Gewerbe zu betreiben. Wenn der Übernehmer das Gewerbe nur kauft, um es nach kurzer Bewerbungszeit weiter zu veräußern, tritt Abs. 2 nicht in Funktion. Das Gesetz stellt in diesem Sinne auf die Absicht des Erwerbers ab, die aber oft schwer festzustellen ist. Sollte ein Kauf nur erfolgt sein, um die Abfindungspflicht zu umgehen, so ist jedenfalls für die Anwendung der Bestimmung kein Raum. Hingegen muß sie erfolgen, wenn der Erwerber kurz nach dem Kauf des Ersatzgrundstückes durch die Umstände gezwungen wird, es wieder zu verkaufen. Die gleichen Grundsätze gelten, wenn der Erwerber im Sinne von Art 619 Abs. 2 die Bewirtschaftungsart ändert.

In der Regel wird der Uebernehmer direkt von dem veräußerten Hof in den neuerworbenen ziehen. Wie aber, wenn zwischen dem Verlassen des einen Gewerbes und dem Antritt des andern eine gewisse Zeit verstreicht? Manche Gesetze sehen eine bestimmte Frist vor, innert welcher die Ersatzbeschaffung zu erfolgen habe (so Österreich vier Monate, was aber zu kurz ist, *Beck* S. 20). *Gasser* spricht für den Normalfall von 2—3 Monaten, S. 129. Vielleicht ist es besser, wenn der Richter allen Verhältnissen Rechnung tragen kann. Ersatzbeschaffung ist insbesondere dann anzunehmen, wenn die Zwischenzeit nicht lang ist, wenn der Zuteilungsempfänger beispielsweise inzwischen bei Verwandten gewohnt hat, wenn er dartun kann, daß er gezwungen gewesen sei, das frühere Gewerbe zu veräußern, ohne aber im Augenblick einen geeigneten Ersatz zu finden. Die Bestimmung gelangt auf alle Fälle zur Anwendung, wenn der Übernehmer inzwischen keinen neuen Wohnsitz begründet hat. Immerhin ist die Berücksichtigung der Ersatzbeschaffung nicht unbedingt vom Fehlen einer Wohnsitzbegründung abhängig.

4   **4. Folgen.** Grundsätzlich besteht auch bei einer solchen Veräußerung das Gewinnanteilsrecht der Miterben (Abs. 2 „am Rest"), doch ist es zugunsten des Übernehmers beschränkt. Dieser darf aber nicht etwa den Erwerbspreis des neuerworbenen Grundstückes vom Veräußerungspreis in Abzug bringen und auch nicht diesen Erwerbspreis bezogen auf eine gleich große Grundfläche. Abzugsberechtigt ist vielmehr nur ein theoretischer Kaufpreis eines ertragsmäßig höchstens gleichwertigen Ersatzes. Ist also das neuerworbene Gewerbe ertragreicher, so kann doch nur das abgezogen werden, was in einem solchen Falle für ein gleich ertragreiches zu zahlen ist. Ist es weniger ertragreich, so darf indessen nicht der Preis eines ebenso ertragreichen abgezogen werden. Zu ermitteln ist also in diesem Sinne der Ertragswert. Im Streitfalle ist hier ein Sachverständigengutachten kaum zu umgehen.

5   **5. Beispiel.** A hat ein Gewerbe zu einem Quadratmeterpreis von Fr. 5.— übernommen. Er veräußert es zu Fr. 30.— und erwirbt ein Ersatzgrundstück zum Quadratmeterpreis von Fr. 15.—. Dieses ist jedoch ertragreicher, und ein Sachverständigengutachten ergibt, daß ein Grundstück mit gleichen Ertragsaussichten wie das veräußerte zu Fr. 10.— erhältlich wäre. Der Erwerber wäre für einen Betrag von Fr. 25.— pro Quadratmeter gewinnanteilspflichtig, kann jedoch davon die Fr. 10.— abziehen, die er für ein gleichwertiges Grundstück zahlen müßte. Die Gewinnanteilspflicht besteht daher auf den restlichen Fr. 15.— pro m².

6   **6. Weiterveräußerung des Ersatzgrundstückes, Abs. 2.** Veräußert der Übernehmer das Ersatzgrundstück weiter, so sind auch hier die Miterben anteilsberechtigt. Die Fassung dieser Bestimmung ist allerdings nicht glücklich. Sie scheint zu bedeuten, daß die Miterben nun schlechthin an einem Verkaufserlös des Ersatzgrundstückes beteiligt seien. Für einen solch weitgehenden Anteil besteht aber deshalb kein Anlaß, weil ja die Miterben an dem Ersatzgrundstück nicht beteiligt waren. Auch entspricht, wie oben (N. 5) erwähnt, der dem Übernehmer zugebilligte Abzug für die erste Veräußerung nicht dem Erwerbspreis für das Ersatzgrundstück. Die Beteiligung an dem Gewinne dieses Zweitverkaufes kann daher vernünftigerweise nur so weit gehen, wie wenn die Miterben am Erstverkaufe im vollen Umfange beteiligt gewesen wären, also in dem in N. 5 erwähnten Falle auf Fr. 10.— für den m² (a. M. *Beck* S. 128). Wie einer Veräußerung des Ersatzgrundstückes sind auch gemäß Art. 619 Abs. 2 einer Veräußerung gleichgestellte Rechtsgeschäfte zu behandeln.

Art. 619 quater

Verwendet der Erbe einen Betrag zur notwendigen Ausbesserung eines Gebäudes des von ihm betriebenen Gewerbes, das er aus der gleichen Erbschaft übernommen hatte, so darf er ihn vom Veräußerungspreis oder von der Enteignungsentschädigung abziehen.

d) Ausbesserung von Gebäuden.

Diesen Betrag darf der Erbe nicht als eigene Aufwendung vom Erlös abziehen, wenn er das Gebäude veräußert oder wenn es enteignet wird.

1. Hier ist der Fall geregelt, wo ein Erbe aus dem von ihm übernommenen Gewerbe ein Grundstück mit Gewinn verkauft und an einem Gebäude, das nicht zu dem verkauften Teil gehört, Verbesserungen vorgenommen hat. Auch hier soll unter Umständen eine Anrechnung stattfinden. Der agrarpolitische Zweck liegt in der Begünstigung eines Sanierungsverkaufes, ist doch der Landwirt oft gezwungen, eine Parzelle zu veräußern, um seine Gebäulichkeiten zu sanieren.

2. **Voraussetzungen.** Das Gebäude muß aus der gleichen Erbschaft stammen, wie das veräußerte Grundstück, und zudem dem betriebenen Landwirtschaftsgewerbe zugehören. Ferner muß an dem Gebäude eine notwendige Ausbesserung vorgenommen worden sein. Eine Aufwendung bloß zur Verschönerung, wie sie durch Art. 619bis gedeckt wäre, genügt also nicht. Notwendig sind die Auslagen, die für eine ordnungsgemäße Verwaltung und Bewirtschaftung gefordert werden, wobei ein objektiver Maßstab anzuwenden ist (vgl. *Homberger* N. 6 ff., *Ostertag* N. 9 zu Art. 939). Das Gesetz spricht nicht von Verbesserungen am Boden selbst (z. B. Trockenlegung). *Gasser* (S. 131) will den Artikel auch hier anwenden. Das geht aber über den Gesetzestext hinaus; auch die Beratungen in den Räten bezogen sich nur auf Gebäude (Sten.Bull. StR 1964 S. 338, NR 1965 S. 61).

3. **Folgen.** Den entsprechenden Betrag darf der Übernehmer bei der Berechnung der den Miterben abzuliefernden Anteile abziehen, ähnlich wie nach Art 619bis. Hat A beispielsweise ein Grundstück zu 50 000 übernommen und verkauft er es nach 10 Jahren zu 80 000, wobei er für dieses Grundstück 10 000, für ein im gleichen Landwirtschaftsgewerbe enthaltenes, aber nicht mitverkauftes Gebäude für die notwendige Ausbesserung 5000 aufgewendet hat, so können die insgesamt 15 000 vom Gewinn von 30 000 abgezogen werden. Es verbleibt ein Gewinn von 15 000, wovon noch 20 % oder 3000 nach Art. 619bis Abs. 2 abzuziehen sind. Die Anteilsberechtigung der Miterben beträgt 12 000.

Das Gewinnanteilsrecht der Miterben

4 **4. Ausnahmen, Abs. 2.** Der Betrag darf nicht abgezogen werden, wenn der Erbe das Gebäude veräußert hat oder wenn es ihm enteignet worden ist. In diesem Falle besteht die Möglichkeit, daß auch für das Grundstück, auf welchem das Gebäude steht, den Miterben eine Anteilsberechtigung zustände, wobei dann die Aufwendungen bei jenem Grundstück abgezogen werden können (Art. 619bis Abs. 2).

5 Ein Abzug ist ausgeschlossen, wenn das Gebäude vor der oder gleichzeitig mit der Veräußerung des in Frage stehenden Gewerbes veräußert wird. Eine nachträgliche Veräußerung kann der Natur der Sache nach nicht berücksichtigt werden. Die Miterben können aber den Abzug auch dann verweigern, wenn die Veräußerung des Gebäudes erfolgt, bevor ihnen ihr Anteil ausgerichtet worden ist. Ja sie könnten wohl den entsprechenden Teil noch nachfordern, wenn sie nachweisen könnten, daß der Übernehmer die Veräußerung des Gebäudes schon bei jener des Gewerbes geplant, sie aber absichtlich verzögert hatte, um des Abzuges teilhaftig zu werden. Würde die Veräußerung des Grundstückes, auf welchem das Gebäude steht, erst später erfolgen, so könnte der Übernehmer auf jeden Fall die Kosten der Ausbesserung bei jener neuen Veräußerung nicht noch ein zweites Mal abziehen.

Art. 619 quinquies

e) Haftung des Erwerbers.

Für die Ausrichtung des Gewinnanteils haftet der Erwerber solidarisch mit dem Veräußerer, wenn der Gewinnanspruch auf Anmeldung eines Berechtigten im Grundbuch vorgemerkt ist.

1 **1. Der Grundsatz.** Der seinerzeitige Übernehmer des Grundstückes haftet nunmehr auch ohne Vormerkung im Grundbuch. Hingegen bedarf es dieser Vormerkung, damit die solidarische Haftung des Dritterwerbers eintritt. Diese Vormerkung läßt sich nicht ohne weiteres unter Art. 959 ZGB subsumieren. Es wird nicht eine Wirkung der eingetragenen Rechte gegenüber einem später erworbenen Rechte „propter rem" geschaffen, sondern der bloße von Gesetzes wegen eintretende Beitritt eines Solidarschuldners. *Gasser* (S. 86) will daher unter Art. 960 subsumieren, doch liegt das Wesen der Vorschrift auch nicht in einer Verfügungsbeschränkung (*Liver*, ZBGR 54, 1973, S. 2). Die Wirkungen der Vormerkung müssen daher aus dem Geschäft selbst bestimmt werden. Vgl. auch die Kritik bei *Liver* a.a.O. S. 3.

2 **2. Zeitpunkt der Vormerkung.** Während das frühere Recht ausdrücklich die Vormerkung bei der Teilung verlangte, spricht sich die

neue Fassung über den Zeitpunkt nicht aus. Nach Art. 959 können persönliche Rechte jederzeit vorgemerkt werden. Die Vormerkung des Gewinnanteils der Miterben ist allerdings insofern besonderer Natur, als sie nicht auf Vertrag, sondern direkt auf gesetzlicher Ermächtigung beruht. Nichtsdestoweniger muß auch hier die Vormerkung noch nach der Zuteilung des Grundstückes möglich sein. Selbstverständlich wird aber eine Vormerkung dem Dritterwerber gegenüber nur dann wirksam, wenn sie im Zeitpunkt der Beurkundung des mit ihm abzuschließenden Vertrages schon besteht.

3. Erfordernisse der Vormerkung. Für die Vormerkung ist nunmehr Art. 71 c der Grundbuchverordnung in der Fassung vom 29. Juni 1965 maßgebend. Danach kann die Vormerkung wahlweise auf Grund folgender Ausweise erfolgen: Erbteilungsvertrag, behördlicher Entscheid, Verfügung von Todes wegen, schriftliche Erklärung des Erben über die Zuweisung zu einem niedrigeren Preis als dem Verkehrswert, Vertrag über die Abtretung auf Anrechnung künftiger Erbschaft oder Vormerkungsbewilligung der Erben.

a) Aus dem Text des Erbteilungsvertrages muß sich die Übernahme des Grundstückes durch den Übernehmer zu einem unter dem Verkehrswerte liegenden Preis klar ergeben. Die Vorweisung dieses Vertrages genügt, ohne daß darin das Gewinnanteilsrecht erwähnt werden muß (BGE 86 I 131, *Beck* S. 63, 2 b).

b) Ein behördlicher Entscheid wird in der Regel vorliegen, falls für die Teilung eine richterliche Entscheidung notwendig war oder sonst die Behörde bei der Teilung mitwirken mußte.

c) Es kann schon in der Verfügung von Todes wegen festgelegt sein, daß die Übernahme unter dem Verkehrswert erfolgen solle. Einer darauf gestützten Eintragung steht allerdings das Bedenken gegenüber, daß die Erben allenfalls die Zuteilung zu einem andern Wert vereinbaren können (*Gasser* S. 96).

d) Es genügt auch eine einseitige schriftliche Erklärung des übernehmenden Erben.

e) Auch im Rahmen von Art. 218 quinquies kann eine Vormerkung erfolgen.

f) Es ist klar, daß die Vormerkung erfolgen kann, wenn sämtliche Erben zustimmen.

Die Anmeldung kann durch jeden Berechtigten erfolgen. Sie gilt nur zugunsten derjenigen, die angemeldet haben (*Tuor/Picenoni* N. 10 zu Art. 619, *Gasser,* ZBGR 53, 1972, S. 70). Die Vormerkung wird mit Vorteil enthalten den Anrechnungspreis, den Verkehrswert zur Zeit der

Das Gewinnanteilsrecht der Miterben

Übernahme, die Berechtigten, die Dauer der Vormerkung, doch ist entgegen Komm. N. 15 zu Art. 619 nach der bundesgerichtlichen Praxis die Angabe des Wertes nicht unbedingt erforderlich (BGE 86 I 133).

6 **6. Wirkungen der Vormerkung.** Der Dritterwerber haftet für den Gewinnanspruch der Miterben solidarisch mit dem Veräußerer. Betr. Unterschied der Solidarhaftung gegenüber der Solidarschuld vgl. *Liver*, ZBGR 54, 1973, S. 4. Für den Teil des Kaufpreises, für welchen der Gewinnanteil der Miterben besteht, wird er also durch die Zahlung des Kaufpreises an den Veräußerer nicht befreit. Wird er vom Veräußerer für den Kaufpreis belangt, so kann er in Schwierigkeiten geraten. Er wird daher wenn möglich die Miterben vorher befriedigen, oder wenn er das nicht kann, eine entsprechende Summe gerichtlich hinterlegen (*Gasser* S. 92).

7 **7. Legitimation.** Wer ist befugt, den Anspruch geltend zu machen? Die Lehre zum alten Gesetz nahm die Fortdauer der Erbengemeinschaft an und gelangte daher dazu, das Recht nur der Gesamtheit der Erben zuzusprechen (Komm. N. 19 zu Art. 619). Die Annahme einer Fortdauer der Erbengemeinschaft hätte aber zur Folge, daß einerseits gegenüber dem Übernehmer jeder einzelne Erbe im Sinne eines Teilungsanspruches vorgehen könnte (vgl. N. 13 zu Art. 619), während gegenüber dem Dritterwerber nur die Erbengemeinschaft legitimiert wäre, was sich mit der Solidarhaftung nicht verträgt. Es ist daher ein vom Gesetz verliehener Anspruch sui generis anzunehmen, der jedem Erben für seinen Anteil verliehen wird. Nach Art. 619 Abs. 1 sind denn auch die Miterben berechtigt, ihren *Anteil* geltend zu machen; ein Anteil stünde aber der Erbengemeinschaft nicht zu (in diesem Sinne *Beck* S. 123, *Gasser* S. 76).

8 **8. Wirkung gegenüber Inhabern später begründeter Rechte am Grundstück.** Diese gehen den Rechten der Miterben nach. Im einzelnen sei in dieser Hinsicht verwiesen auf Komm. N. 20 zu Art. 619.

Art. 619 sexies

f) Vertragliche Regelung.

Die Aufhebung oder Abänderung des Gewinnanspruchs der Miterben bedarf zu ihrer Gültigkeit der schriftlichen Form.

Vereinbarungen über die Abänderung des Gewinnanspruchs der Miterben sowie über die Gewinnbeteiligung für nichtlandwirtschaftliche Grundstücke können auf Anmeldung jedes Berechtigten im Grundbuch vorgemerkt werden.

Vertragliche Regelung. Art. 619^sexies

1. Allgemeines. Abs. 1 regelt die Vereinbarung über die Aufhebung 1
oder Abänderung des Gewinnanspruches, Abs. 2 hat zwei verschiedene
Tatbestände zum Gegenstand, erstens die Vormerkung solcher Tatbestände im Grundbuch und zweitens die Vormerkung von Vereinbarungen über die Gewinnbeteiligung für nichtlandwirtschaftliche Grundstücke.

2. Vereinbarungen über die Aufhebung oder Abänderung des Ge- 2
winnanspruchs. Die Bestimmungen über den Gewinnanteil sind dispositiver Natur. Die Beteiligten können daher vertraglich eine Aufhebung oder Abänderung vorsehen. Eine Abänderung kann einmal liegen in einer Verkürzung oder Verlängerung der Frist von 25 Jahren oder auch in einer quantitativen Einschränkung oder Erweiterung des Gewinnanteils. Über die nicht Gegenstand dieses Artikels bildende einseitige Verkürzung durch den Erblasser siehe N. 3 Vorb. vor Art. 619. Die Ausdehnung hat in den allgemeinen Vorschriften über den Schutz der Persönlichkeit ihre Grenzen (vgl. *Liver*, ZBGR 54, S. 9). Nicht möglich wäre eine Vereinbarung über die Ausdehnung des Gewinnanteiles auf einen weiteren Verkauf, soweit dadurch auch die Haftbarkeit des Vierterwerbers stipuliert würde, da darin ein Vertrag zulasten eines Dritten läge (*Gasser* S. 152).

3. Form der Vereinbarung. Notwendig ist die Schriftform. Die Er- 3
leichterung gegenüber der öffentlichen Beurkundung wurde eingeführt, weil solche Vereinbarungen sich oft in Erbteilungsverträgen befinden, für die ebenfalls die Schriftform genügt. Für die Schriftform gelten die Art. 12 ff. OR. Der Schriftform bedürftig ist die Vereinbarung als solche. Auch für eine Vereinbarung über die Aufhebung des Gewinnanteilsrechtes ist daher die Unterschrift des Übernehmers erforderlich (vgl. *Schönenberger/Jäggi* N. 77 zu Art. 13 OR).

4. Vormerkung der Vereinbarung. Durch diese wirkt die Vereinba- 4
rung auch gegenüber dem Dritterwerber. Die Vormerkung einer Aufhebung des Gewinnanteilsrechtes wäre daher sinnlos. Auch wenn es reduziert wird, erübrigt sich eine Vormerkung. Wird hingegen das Gewinnanteilsrecht verstärkt, so wirkt sich nun diese Verstärkung auf die solidare Haftbarkeit des Drittkäufers aus.

5. Vormerkung der Gewinnbeteiligung für nichtlandwirtschaftliche 5
Grundstücke. Nach dem ursprünglichen Entwurf des Bundesrates wären auch nichtlandwirtschaftliche Grundstücke unter Art. 619 gefallen, was aber in den Räten abgelehnt wurde. Auf Grund der Vertragsfreiheit kann aber eine entsprechende Regelung auch für nichtlandwirtschaftliche Grundstücke durch Vereinbarung unter den Beteiligten jederzeit erreicht werden. Das Gesetz begünstigt die Möglichkeit einer solchen Verein-

barung dadurch, daß es deren Vormerkung gestattet. Eine solche Vormerkung ist natürlich nur dann wirksam, wenn im übrigen die Voraussetzungen gegeben sind, wenn insbesondere ein Grundstück einem Erben unter dem Verkehrswert zugeteilt worden ist. Mit der Vormerkung erlangt die Vereinbarung für den Dritterwerber die gleiche Wirkung, wie wenn es sich um ein von Gesetzes wegen bestehendes Gewinnanteilsrecht an einem landwirtschaftlichen Grundstück handeln würde, das nach Art. 619^{quinquies} vorgemerkt worden wäre.

3. Kapitel. Die Zuweisung landwirtschaftlicher Gewerbe.

Literatur: siehe die Kommentare und ferner die zum 1. Kapitel genannte. Zur alten Fassung ferner: Franz *Steiger,* Zur Frage des Anwendungsbereichs des bäuerlichen Erbrechts sowie der allgemeinen Voraussetzungen der Integralzuweisung des landwirtschaftlichen Gewerbes, Diss. Bern 1966.

Einleitung.

1   Die Grundsätze über die ungeteilte Zuweisung eines landwirtschaftlichen Gewerbes wurden in verschiedenen Punkten geändert; vgl. darüber im einzelnen Allg. Einleitung Kap. 1 N 2 ff. Es ist im folgenden im wesentlichen in Ergänzung zu den entsprechenden Ausführungen des Kommentars auf jene Artikel einzutreten, die durch die Gesetzesrevision Änderungen erfahren haben. Zu unveränderten Bestimmungen wird nur so weit Stellung genommen, als sich seit dem Erscheinen des Kommentars wichtige Neuerungen ergeben haben oder das wegen des Zusammenhanges notwendig ist.

Intertemporales Recht.

2   Das Gesetz vom 6. Oktober 1972 enthält wohl Übergangsbestimmungen, dahin lautend, daß die neuen Vorschriften auch auf Pachtverträge anwendbar sind, die vor dessen Inkrafttreten abgeschlossen worden sind (vgl. Art. 14 BG über die Kontrolle der landwirtschaftlichen Pachtzinse vom 21. Dezember 1960). Hingegen fehlen Übergangsbestimmungen in bezug auf den erbrechtlichen Teil. Hier gelangen daher die allgemeinen Vorschriften des SchlT ZGB zur Anwendung. Das neue Recht ist nach Art. 15 SchlT demgemäß nur dann anwendbar, wenn der Erblasser nach dem Inkrafttreten des neuen Gesetzes gestorben ist.

Art. 620

Befindet sich in der Erbschaft ein landwirtschaftliches Gewerbe, das eine wirtschaftliche Einheit bildet und eine ausreichende landwirtschaftliche Existenz bietet, so ist es, wenn einer der Erben sich zu dessen Übernahme bereit erklärt und als hiefür geeignet erscheint, diesem Erben zum Ertragswert auf Anrechnung ungeteilt zuzuweisen.

Zur Beurteilung, ob eine ausreichende landwirtschaftliche Existenz gegeben ist, können Anteile an Liegenschaften berücksichtigt werden.

Die Feststellung des Anrechnungswertes erfolgt in diesen Fällen nach dem Bundesgesetz über die Entschuldung landwirtschaftlicher Heimwesen.

V. Landwirtschaftliche Gewerbe.
1. Ausschluß der Teilung
a) Voraussetzungen.

1. **Allgemeines.** In Abs. 1 ist keine Änderung eingetreten. Hingegen ist Abs. 2 neu. Abs. 3 entspricht dem früheren Abs. 2. Aus dem früheren Abs. 3 wurde ein neuer Art. 620bis gebildet. Diese Trennung in zwei Artikel hat aber keinen logischen Sinn und ist wohl einzig deshalb erfolgt, um keinen Gesetzesartikel auf mehr als drei Alineas anwachsen zu lassen.

2. **Die ungeteilte Zuweisung, Abs. 1.** Die Voraussetzung einer ausreichenden landwirtschaftlichen Existenz wurde durch das LEG vom 1. April 1947 eingeführt. Im Hinblick auf die erneute Revision stellte das Schweiz. Bauernsekretariat in seiner Eingabe an das EJPD vom Jahre 1959 das Begehren, die Voraussetzung der ausreichenden Existenz wieder fallen zu lassen, womit „jungen, fähigen Bauernsöhnen die Existenzgründung ermöglicht" würde. Im Vorentwurf wurde dementsprechend das Erfordernis der ausreichenden Existenz gestrichen. Der Bundesrat hat dann aber dieses Erfordernis in seinem Entwurf beibehalten (BBl. 1970 I 810/11, 1971 I 748, vgl. *Steiger* S. 83, *Friedrich*, ZGBR 51, S. 276). Maßgebend war dafür, daß es sich agrarpolitisch nicht gerechtfertigt hätte, die Landabgabe für die dringend notwendige Vergrößerung anderer Gewerbe zu erschweren. Für eine einschränkende Auslegung der „landwirtschaftlichen Existenz" *Marco Hauser,* Blätter für Agrarrecht, 1973 S. 22.

3. **Rechtsprechung.** Es seien im folgenden, in Ergänzung zu dem im Kommentar Gesagten, noch einige der wichtigsten neuen Entscheidungen zu Art. 620 Abs. 1 angeführt:

a) Die Frage, ob ein **landwirtschaftliches Gewerbe** vorliege, entscheidet sich nach objektiven Gesichtspunkten. Es ist ohne Belang, ob der Erblasser zu seinen Lebzeiten das Gut als Landwirt bearbeitet oder die Grundstücke parzellenweise an verschiedene Landwirte verpachtet habe, wenn die Gesamtheit der Parzellen erlaubt, im vollen Umfange den Beruf eines Landwirtes auszuüben. Reparaturbedürftigkeit der Gebäude verhindert die ungeteilte Zuweisung nicht. Es werden in diesem Zusammenhang auch Ausführungen über die ausreichende landwirtschaftliche Existenz gemacht, BGE 89 II 17 ff.

b) Ein **Herrschaftshaus** kann als Bestandteil eines Gewerbes gelten, und demnach auch zugeteilt werden, wenn es gegenüber dem Gewerbe als solchem nur als Akzessorium erscheint, BGE 92 II 223.

c) Das vorübergehende **Fehlen einer Wohnung** schließt die Zuweisung nach Art. 620 nicht aus, wenn dem Übernehmer eine geeignete Fremdwohnung zur Verfügung steht und mit der Errichtung einer betriebseigenen Wohnung nach Abschluß der Erbteilung gerechnet werden kann, Schwyz, SJZ 63 (1967) S. 77.

d) Keine Anwendung von Art. 620 auf eine **Gärtnerei** mit einem Landwert von Fr. 60.— pro m², Bundesgericht, ZBGR 48, S. 169, vgl. *Steiger* S. 56. Gemäß BGE 94 II 240 hat das Bundesgericht immerhin auch bei einem hohen Landwert die Zuweisung bejaht.

4   **4. Berücksichtigung weiterer Liegenschaften oder Liegenschaftsanteile, Abs. 2.** Wie erwähnt, wurde am Erfordernis der ausreichenden landwirtschaftlichen Existenz festgehalten. Dafür wurde aber erst in den parlamentarischen Beratungen der neue Abs. 2 eingefügt, welcher in dieser Hinsicht eine gewisse Erleichterung bringt (vgl. Sten.Bull. StR 1971 S. 403).

5   Zu denken ist vor allem an Liegenschaften, die zwar nicht zum Gewerbe als solchem gehören, an welchen aber dem Erblasser ein Miteigentumsanteil zustand. Hier kann das ihm auf Grund des Miteigentums zustehende Nutzungsrecht bei der Beurteilung der Frage der ausreichenden Existenz berücksichtigt werden. Bei für längere Dauer mitbewirtschafteten Liegenschaften kann beispielsweise an Grundlasten gedacht werden, welche dem Berechtigten einen Anteil am wirtschaftlichen Ertrag sichern. Häufiger werden aber obligatorische Mitbewirtschaftungsrechte sein, wie insbesondere eine schon länger andauernde Pacht, die voraussichtlich auch noch länger bestehen wird. Man könnte dabei an die minimale gesetzliche Anfangsdauer der Pacht von sechs Jahren denken (*Junod,* Blätter für Agrarrecht 1973, S. 8). Das ist allerdings deshalb fragwürdig, weil trotz der bestehenden Kündigungsbeschränkungen keine Gewähr für eine lange Fortdauer der Pacht besteht, indem insbesondere der Tod des Pächters nach dem noch in Kraft stehenden Art. 297 OR eine vorzeitige Beendigung mit sich bringen kann.

Es ist daher zu erwägen, ob die Anwendung des Artikels nicht auch 6
auf den Fall ausgedehnt werden sollte, in welchem das Anteils- oder
Mitbenutzungsrecht schon vor dem Erbfall dem Übernehmer zustand.
Zwar mag eine solche Ausdehnung etwelchermaßen systemwidrig sein.
Der Zweck der Bestimmung liegt aber doch darin, die Übernahme durch
eine weitherzigere Umschreibung der Voraussetzungen einer ausreichenden landwirtschaftlichen Existenz zu erleichtern. Der wirtschaftliche
Effekt ist aber der gleiche, ob das Bewirtschaftungsrecht schon bisher
dem Übernehmer zustand oder nicht. Auch schon unter der alten Regelung hatte das Bundesgericht Land, das der Übernehmer selber besaß,
berücksichtigt (BGE 78 II 127), ist von dieser Auffassung allerdings in
der Folge wieder abgekommen (BGE 81 II 108). Die neue Regelung will
aber wohl diese Möglichkeit bejahen, ist doch gerade unter diesen Voraussetzungen eine längere Dauer der Pacht eher gewährleistet, als wenn
die Pacht bisher dem Erblasser zustand. Die Gefahr eines Mißbrauchs,
wie sie in Blätter für Agrarrecht 1973, S. 30, erwähnt wird, dürfte hier
nicht bedeutend sein. Hingegen kann der Übernehmer sich nicht auf eine
erst bestehende Möglichkeit, in Zukunft eine Pacht zu übernehmen, berufen, würde das doch allenfalls spekulativen Machenschaften den Weg
öffnen (vgl. Sten.Bull. StR 1971 S. 403 Spalte 2).
Die Frage, ob auch Nebenbetriebe zu berücksichtigen seien, beantwortet 7
das Gesetz nicht. Es dürfte hier dabei bleiben, daß nur Nebenbetriebe,
welche die Voraussetzungen des Art. 625 erfüllen, in Betracht fallen (vgl.
Komm. N. 29 zu Art. 620).

5. Feststellung des Anrechnungswertes, Abs. 3. Dieser Absatz ent- 8
spricht wörtlich dem früheren Absatz 2. Da auch keine wesentliche Judikatur dazu erschienen ist, erübrigen sich weitere Ausführungen.

Art. 620 bis

Der Übernehmer kann die Zuweisung der dem Betriebe dienenden   b) Zuweisung
Gerätschaften, Vorräte und Viehbestände zu ihrem Nutzwerte beanspru-   von beweglichen
chen.   Sachen.

Dieser Artikel entspricht, abgesehen von einer unerheblichen redaktionellen Änderung, dem früheren Art. 620 Abs. 3. Weitere Ausführungen
darüber erübrigen sich.

Die Zuweisung landwirtschaftlicher Gewerbe

Art. 621

c) Bestimmung des Übernehmers.

Im Streitfall entscheidet die zuständige Behörde über die Zuweisung des Gewerbes unter Berücksichtigung der persönlichen Verhältnisse der Erben.

Ein Erbe, der das Gewerbe selbst bewirtschaften will und hiefür geeignet erscheint, hat in erster Linie Anspruch auf ungeteilte Zuweisung.

Bei der Beurteilung der Eignung zur Bewirtschaftung des Gewerbes sind die Fähigkeiten des Ehegatten des Erben mitzuberücksichtigen, der die ungeteilte Zuweisung verlangt.

1 Dieser Artikel regelt wie bisher den Fall, in welchem mehrere Anwärter für ein landwirtschaftliches Gewerbe vorhanden sind. Die Zuweisungsregeln sind gegenüber früher vereinfacht; beachtlich sind im wesentlichen einzig noch die persönlichen Verhältnisse der Erben, wobei ein Erbe, der das Gewerbe selber bewirtschaften will, den Vorrang hat und auch die Fähigkeiten des Ehegatten des Erben zu berücksichtigen sind.

2 **2. Zuteilungsgrundsätze.** Der Behörde ist nach der neuen Regelung eine weitgehende Ermessensfreiheit eingeräumt, indem sie einzig die persönlichen Verhältnisse der Erben zu berücksichtigen hat. Priorität hat bloß noch die Bereitschaft und die Eignung zum Selbstbetrieb. Die Behörde hat also dieser auf alle Fälle den Vorrang einzuräumen und die persönlichen Verhältnisse nur zwischen zum Selbstbetrieb gewillten und geeigneten Personen oder allenfalls, wenn keine solchen vorhanden sind, zwischen solchen, die das Gewerbe nicht selber betreiben wollen, zu berücksichtigen.

3 **3. Bereitwilligkeit und Eignung zum Selbstbetrieb.** Im wesentlichen kann auf das im Komm. N. 7 ff. Gesagte verwiesen werden. Neu ist die Voraussetzung, daß der Übernehmer auch zum Selbstbetrieb **geeignet** sein muß. Das soll verhindern, daß ein Erbe, der diese Eignung nicht besitzt, nur mit der Bekundung des Willens, den Selbstbetrieb zu übernehmen, mit anderen dazu gewillten und geeigneten Personen in Konkurrenz treten kann (wenn hier auch die mangelnde Eignung in der Regel noch bei der Beurteilung der persönlichen Verhältnisse berücksichtigt werden könnte).

4 Diese Voraussetzungen entsprechen im übrigen schon der Praxis zum früheren Gesetz, wonach die Selbstbewirtschaftung ernstlich gewollt und praktisch möglich sein muß (BGE 81 II 574, 94 II 258). Die erwähnten Entscheidungen legen auch, im Gegensatz zu der Entscheidung gemäß BGE 69 II 387, 393 oder in deren Präzisierung fest, daß für den Selbst-

betrieb eine bloße Oberleitung nicht genüge, sondern daß neben einer persönlichen Leitung auch eine wesentliche eigene Betätigung im Betrieb vorliegen muß (vgl. Komm. N. 7 zu Art. 621). Es wird dadurch auch bestätigt, daß es genügt, wenn eine anspruchsberechtigte Person mit ihrer Familie zusammen das Gut bewirtschaften will, nicht aber, wenn der Anspracher das Gut einem Familienglied zur selbständigen Bewirtschaftung überlassen will (BGE 94 II 260/61).

4. Berufene Personen im einzelnen. Die persönlichen Verhältnisse fallen nun allein in Betracht. Alle Vorrechte einzelner Erbenkategorien fallen weg. Es besteht kein Vorrecht der Söhne vor den Töchtern mehr, und ebensowenig ein Vorrecht der Söhne und Töchter vor den andern Erben. Auch der Ortsgebrauch spielt keine Rolle mehr. Alle Erben, einschließlich des Ehegatten, die zur Selbstbewirtschaftung gewillt sind, haben somit grundsätzlich das gleiche Recht auf Übernahme. Eine rein praktische Bevorzugung eines nähern Verwandten kann sich aber unter Umständen dann ergeben, wenn ein solcher einen größeren Erbanteil besitzt und daher leichter in der Lage sein wird, die Miterben abzufinden (Sohn gegenüber einem von mehreren Nachkommen eines verstorbenen Sohnes usw.). Kann das nach dem Gesetz auch kein entscheidendes Kriterium sein, so wird die Behörde im Falle gleicher Eignung im Zweifel doch dem Erben mit dem größeren Anteil den Vorzug geben. 5

Es bleibt unter diesen Umständen auch dabei, daß die erbrechtliche **Nutznießung** insbesondere **des überlebenden Ehegatten** die Anwendung des bäuerlichen Erbrechts nicht beeinträchtigen kann, weshalb die Bewirtschaftung dem Übernehmer zu überlassen ist und der Nutznießer auf die Nutzung des erwirtschafteten Ertrages verwiesen wird (vgl. Komm. N. 43 ff. zu Art. 620). Der Entscheidung in BGE 92 II 321, wonach im Zweifel zugunsten der gemeinrechtlichen Ordnung zu entscheiden ist, ist daher nicht zuzustimmen (vgl. dazu Arthur *Jost*, Das bäuerliche Erbrecht und die Realnutznießung des überlebenden Ehegatten an landwirtschaftlichen Heimwesen, SJZ 63, 1967, S. 181). Selbstverständlich kann der Ehegatte auch soweit Anspruch auf Zuweisung erheben, als er neben Nachkommen des Erblassers durch Wahl des Eigentumsviertels oder bei Fehlen von Erben der ersten Parentel auf Grund seines Eigentumsanspruchs Erbe ist. In dieser Hinsicht ist er den Söhnen und Töchtern nun durchaus gleichgestellt. 6

5. Die persönlichen Verhältnisse im besondern. Hier kann im wesentlichen auf die Ausführungen zum früheren Gesetz verwiesen werden (Komm. N. 22 zu Art. 621), wobei aber dieser Frage eine noch größere Bedeutung zukommt als früher. In BGE 92 II 322 wurde Gewicht 7 darauf gelegt, daß die Übernehmerin schon früher den Hof mit Erfolg bewirtschaftet hatte. Gemäß BGE 94 II 261 wurde einem 39jährigen Manne, der mit einer Bauerntochter verheiratet ist, gegenüber einem Ehepaar von 71 und 78 Jahren der Vorzug gegeben, auch wenn der Übernehmer beim Erblasser nicht beliebt war und die Mehrheit der Erben die Zuteilung an ihn nicht wünschte.

8   **6. Die Berücksichtigung der Eignung des Ehegatten des Übernehmenden.** Daß diese Eignung mit zu berücksichtigen ist, dürfte zwar selbstverständlich sein, doch ist es zweckmäßig, daß das hier noch ausdrücklich erwähnt wird. Diese Bestimmung bezieht sich nicht nur auf Abs. 2, die Eignung zur Selbstbewirtschaftung. Selbstverständlich ist die Eignung des Ehegatten auch bei der Beurteilung der persönlichen Verhältnisse nach Abs. 1 in Betracht zu ziehen. Es ist nicht nur die Eignung der Ehefrau wesentlich, wenn der Ehemann Erbe ist, sondern auch umgekehrt jene des Ehemannes einer zur Übernahme bereiten Erbin.

Art. 621bis

d) Verfügungen von Todes wegen.

Einem Erben, der das Gewerbe selbst bewirtschaften will und hiefür geeignet erscheint, kann das Recht auf ungeteilte Zuweisung weder durch letztwillige Verfügung noch durch Erbvertrag entzogen werden.

Vorbehalten bleiben Enterbung und Erbverzicht.

Erfüllen mehrere Erben die Voraussetzungen für eine ungeteilte Zuweisung, so kann durch Verfügung von Todes wegen einer unter ihnen als Übernehmer bezeichnet werden.

1   **Allgemeines.** Diese Bestimmung bringt die willkommene Klärung in bezug auf die Frage, ob die Normen des bäuerlichen Erbrechts durch Verfügung von Todes wegen abgeändert werden können. Es besteht an sich kein Zweifel, daß die Erben selber Abweichungen von den Zuteilungsregeln des bäuerlichen Erbrechts vorsehen können. Ebenso gestatten die Bestimmungen die Veräußerung zu Lebzeiten an einen dem Art. 620 nicht entsprechenden Käufer. Ursprünglich war auch anerkannt, daß die Normen des bäuerlichen Erbrechts durch Verfügungen von Todes wegen für den Einzelfall außer Kraft gesetzt werden können. Bei der Revision von 1947 wurde demgegenüber ein Obligatorium gefordert, doch war das insbesondere im Ständerat umstritten. Der Text wurde daher durch die Revision lediglich so weit geändert, als anstelle von „soll

zugewiesen werden" „ist zuzuweisen" trat, während der französische und der italienische Text gleich blieben (vgl. im einzelnen Komm. N. 3 ff. zu Art. 620). Das Bundesgericht hat daher in einer grundlegenden Entscheidung (BGE 80 II 212) Art. 620 als gegenüber Teilungsvorschriften des Erblassers nicht zwingend bezeichnet und an dieser Auffassung auch seither festgehalten (BGE 90 II 1, 97 II 209, vgl. auch ZBGR 48, S. 70), während die Lehre mehrheitlich Verbindlichkeit annahm (vgl. nun auch *Steiger* S. 49).

Die Entziehung soll nach dem neuen Text von 1972 weder durch Testament noch durch Erbvertrag erfolgen können. In Blätter für Agrarrecht 1973, S. 9, wird die Auffassung vertreten, ein erbvertraglicher Ausschluß eines Erben hätte zugelassen werden dürfen. Tatsächlich kann sich die Erwähnung des Erbvertrages im Gesetzestext nur auf einen solchen beziehen, an dem der virtuelle Übernehmer nicht beteiligt ist, denn nach Abs. 2 ist der Erbverzicht ausdrücklich vorbehalten. Dann ist aber auch ein partieller Erbverzicht in dem Sinne zulässig, als auf die Übernahme des Gewerbes verzichtet wird. **2**

2. Unentziehbarkeit des Anspruchs auf Zuweisung. Es müssen zwei Voraussetzungen erfüllt sein; der Erbe muß das Gewerbe selber bewirtschaften wollen und hiefür geeignet erscheinen. Sind also die Voraussetzungen des Art. 620 erfüllt, so kann der Erblasser durch Verfügung von Todes wegen das Gewerbe nicht entziehen und einem andern, ungeeigneteren Erben zuweisen oder die Teilung anordnen. Damit ist eine Erbeinsetzung so weit ausgeschlossen, als sie mit dem Anspruch eines gesetzlichen Erben im Widerspruch steht (*Liver*, ZBJV 110, S. 101 ff.). Ist ein Bewerber da, der aber nicht zur Selbstbewirtschaftung gewillt oder geeignet ist, so ist eine entsprechende Verfügung möglich. **3**

3. Vorbehalte, Abs. 2. Vorbehalten bleiben Enterbung und Erbverzicht. Liegt gegenüber einem Erben ein **Enterbungsgrund** vor, so kann der Erblasser nicht gezwungen werden, ihm das Gewerbe zu hinterlassen. Ist kein anderer geeigneter Erbe vorhanden, so ist der Erblasser somit frei in der Verfügung. Der Enterbte kann die Enterbung im Sinne von Art. 479 anfechten und zugleich die Zuteilung beanspruchen. **4**

Hat ein Erbe einen **Erbverzicht** ausgesprochen, so kann er nicht mehr darauf zurückkommen und die Zuteilung beanspruchen. Ein partieller Erbverzicht, wonach der Verzichtende keinen Anspruch auf das Gewerbe zu erheben erklärt, ist zulässig (vgl. N. 2). Hat er aber einen Verzicht auf eine Quote ausgesprochen, so kann er das Gewerbe doch **5** noch übernehmen, wenn er bereit ist, die Miterben entsprechend seiner geringeren Erbbeteiligung abzufinden.

Ein **Erbunwürdiger** kann ebenfalls nicht die Zuweisung verlangen.

6   **4. Wahl unter mehreren Geeigneten.** Dem Zwecke des bäuerlichen Erbrechts ist Genüge getan, wenn **ein** Geeigneter das bäuerliche Gewerbe übernimmt. Die Wahl, welcher unter mehreren Geeigneten der Geeignetste sei, kann daher ruhig dem Erblasser überlassen werden. Im Streitfalle hat somit die Behörde bloß zu prüfen, ob der durch Verfügung von Todes wegen Eingesetzte im Sinne von Art. 620 geeignet sei, nicht aber, ob allenfalls ein anderer Bewerber, insbesondere in Anbetracht seiner persönlichen Verhältnisse, als noch geeigneter erschiene.

7   Es stellt sich die Frage, ob eine Zuweisung durch Verfügung von Todes wegen auch bei Vorhandensein eines zur Selbstbewirtschaftung Geeigneten an jemanden erfolgen könne, der das Gewerbe nicht selber bewirtschaften kann. Dafür könnte sprechen, daß nach Art. 620 Abs. 1 in Verbindung mit Art. 621 Abs. 2 das Gesetz auch einen zum Selbstbetrieb nicht fähigen Erben unter Umständen als „geeignet" und die Voraussetzungen für eine ungeteilte Zuweisung erfüllend betrachtet. Wenn in Abs. 3 von Art 621bis von den Voraussetzungen für die ungeteilte Zuweisung die Rede ist, so soll aber damit doch offenbar auf Abs. 1 verwiesen werden, welcher von der Eignung zum Selbstbewirtschaften spricht. Würde anders entschieden, so läge darin wiederum ein wesentlicher Eingriff in den zwingenden Charakter der Zuweisungsregeln, indem der Erblasser einen nicht zum Selbstbetrieb fähigen einem dafür geeigneten Erben vorziehen könnte. Gewiß könnten unbefriedigende Ergebnisse auch durch eine strenge Anwendung des Begriffes der Eignung vermieden werden, doch ist es klarer, die Einsetzung eines nicht zum Selbstbetrieb geeigneten, falls ein dazu befähigter Erbe vorhanden ist, überhaupt auszuschließen.

8   **5. Weitere Fragen der Testierfreiheit.** Kann einem geeigneten Erben das Recht auf ungeteilte Zuweisung nicht entzogen werden, so liegt darin auch schon das Verbot, das Gewerbe zu **teilen**, d. h. einzelne Grundstücke davon abzuschichten und einem andern Erben zuzuteilen (vgl. Botschaft in BBl. 1970 I 813). Ist kein geeigneter Erbe vorhanden, so kann der Erblasser hingegen die Teilung ungehindert anordnen. Auch die **Veräußerung** des Gewerbes kann nicht angeordnet werden, wenn ein geeigneter Erbe vorhanden ist. Eine Zuweisung **über dem Ertragswert** ist zwar durch den Wortlaut nicht schlechthin ausgeschlossen, da sich Art. 621bis nicht über den Zuweisungswert ausspricht. Die Zuweisungsregeln sind aber als Ganzes zu betrachten, und es ist daraus zu schließen,

Verfügungen von Todes wegen. Art. 621bis

daß das Obligatorium auch den in Art. 620 umschriebenen Wert umfasse (entgegen der für die alte Fassung in Komm. N. 16 zu Art. 620 ausgesprochenen Meinung; vgl. aber dortige Zitate). Richtig ist, daß der Erblasser auch bei Einsetzung des Gewerbes zum Ertragswert im Rahmen der verfügbaren Quote die andern Erben doch begünstigen kann, womit das Ergebnis das gleiche ist, wie wenn eine gewisse Erhöhung des Zuteilungswertes von Anfang an angeordnet worden wäre. Nichtsdestoweniger rechtfertigt es sich aber, vom Grundsatze des Obligatoriums der Zuweisung zum Ertragswert auszugehen. Ob durch die weiteren Verfügungen der Pflichtteil verletzt sei, läßt sich dann ohne erhebliche Schwierigkeiten ermitteln.

6. Sanktion eines Verstoßes gegen die Vorschrift des Art. 621bis. 9
Eine entgegen der Bestimmung von Art. 621bis vorgenommene Zuweisung durch den Erblasser ist rechtswidrig. Rechtswidrige Verfügungen sind nicht schlechthin nichtig, sondern nach Art. 519 mit der Ungültigkeitsklage anfechtbar. Der Bundesrat hat die Nichtigkeit ebenfalls abgelehnt, nimmt aber eine Art der Herabsetzung an (BBl. 1971 I 752). Es wird aber nicht jeder Erblasser, der sich nicht an Art. 621bis hält, auch die Schranken der Verfügungsfreiheit durchbrechen. Die Anwendung einer Herabsetzungsklage stieße denn auch auf Schwierigkeiten, da beispielsweise eine proportionale Reduktion nicht möglich wäre, während einer Ungültigkeitsklage keine Hindernisse im Wege stehen. Der Ausgeschlossene kann somit seinen Anspruch auf Zuweisung zum Ertragswert geltend machen, wie wenn er nicht ausgeschlossen worden wäre. Ficht der Berechtigte, aber Ausgeschlossene die Verfügung nicht an, so tritt sie in Kraft. Waren mehrere Erben zur Übernahme geeignet, die alle ausgeschlossen sind, und es ficht nur einer den Ausschluß an, so wirkt das Urteil nur für ihn und kann nur er das Gewerbe beanspruchen (vgl. Komm. N. 6 zu Art. 519).

Art. 621ter

Hinterläßt der Erblasser unmündige Nachkommen, so sollen die Erben, unter Vorbehalt der Zustimmung der Vormundschaftsbehörde, die Erbengemeinschaft weiterbestehen lassen oder eine Gemeinderschaft bilden bis zu dem Zeitpunkte, in welchem nach den Umständen eine Entscheidung über die Zuweisung an einen Nachkommen getroffen werden kann.

e) Unmündige Nachkommen.

Die Zuweisung landwirtschaftlicher Gewerbe

Diese Bestimmung entspricht wörtlich dem früheren Art. 621bis. Die im ursprünglichen Entwurf vorgesehene Ausdehnung auf minderjährige Erben überhaupt wurde wieder fallengelassen (BBl. 1971 I 752).

Art. 621 ^{quater}

2. Ausnahmen.
Gestattet das landwirtschaftliche Gewerbe nach Umfang und Beschaffenheit die Zerlegung in mehrere lebensfähige Betriebe, so kann eine Teilung mit Zuweisung der Teile zum Ertragswerte vorgenommen werden, wenn mehrere Erben sich zu dieser Übernahme bereit erklären und hiefür geeignet erscheinen.

Im Streitfalle entscheidet hierüber die zuständige Behörde.

Diese Bestimmung entspricht wörtlich dem bisherigen Art. 621ter.

alt Art. 621 ^{quater}

Diese Bestimmung wurde aufgehoben. Abs. 1 nach der Fassung gemäß Art. 49 des BG über die Erhaltung des bäuerlichen Grundbesitzes vom 12. Juni 1951 sah vor, daß in Gebirgsgegenden die Teilung unter Zuweisung einzelner Liegenschaften zum Ertragswerte vorgenommen werden könne, wobei aber die Zerstückelung als solche ausgeschlossen sein sollte. Tatsächlich wurde von den Kantonen davon wenig Gebrauch gemacht. Zudem wurde festgestellt, daß die Freiteilung nicht zur Erhaltung existenzfähiger Familienbetriebe beitrug, sondern die Landflucht eher förderte (BBl. 1970 I S. 811), weshalb die Aufhebung allgemein begrüßt wurde. Abs. 2, welcher vorsah, in Gebieten mit städtischen Verhältnissen könnten die Kantone die Frist, innert welcher die Miterben einen Gewinnanspruch im Sinne von Art. 619 geltend machen könnten, bis auf 25 Jahre erstrecken, wurde durch die allgemeine Verlängerung dieser Frist nach der Novelle von 1965 überflüssig und wurde damals schon aufgehoben.

Abs. 3 betraf nur die technische Durchführung der Absätze 2 und 3 und wurde deshalb gegenstandslos.

Art. 622

3. Gemeinderschaft.
a) Anspruch.
Wird der Übernehmer des Gewerbes durch die Anteile der Miterben so sehr beschwert, daß er zu deren Sicherstellung seine Liegenschaften mit Einrechnung der bereits auf ihnen ruhenden Pfandrechte bis über

drei Vierteile des Anrechnungswertes belasten müßte, so kann er verlangen, daß die Teilung in betreff des übernommenen Gewerbes verschoben werde.

In diesem Falle bilden die Miterben zusammen eine Ertragsgemeinderschaft.

Art. 623

Kommt der Übernehmer in die Lage, die Abfindung ohne übermäßige Verschuldung durchzuführen, so kann jeder Miterbe die Gemeinderschaft kündigen und seinen Anteil herausverlangen. b) Aufhebung.

Der Übernehmer ist, soweit es nicht anders vereinbart wird, jederzeit befugt, die Auflösung der Gemeinderschaft zu verlangen.

Art. 624

Wenn der Übernehmer von dem Rechte auf Verschiebung der Teilung Gebrauch macht, so bleibt jeder Miterbe befugt, anstatt in der Ertragsgemeinschaft zu verbleiben, seinen Anteil in Gestalt einer durch Belastung des Gemeinschaftsgutes sichergestellten Forderung herauszuverlangen. 4. Abfindung mit Erbengülten.

Diese Abfindung hat der Übernehmer jedoch für den Teil, um den er dadurch das Gemeinschaftsgut über drei Vierteile des Anrechnungswertes belasten würde, nur in Gestalt einer Erbengült zu leisten, die auf mindestens zehn Jahre unkündbar und höchstens nach dem für Gülten herrschenden Fuße zu verzinsen ist.

Auf die Erbengülten finden die Vorschriften des Gültrechtes über die Belastungsgrenze und die Haftung des Staates keine Anwendung.

Die Art. 622 bis 624 wurden nicht geändert.

Art. 625

Ist mit dem landwirtschaftlichen Gewerbe ein anderes Gewerbe als Nebenbetrieb eng verbunden und bieten beide zusammen eine ausreichende Existenz, so soll das Ganze einem Erben zugeteilt werden, wenn er sich zur Übernahme bereit erklärt und hiefür geeignet erscheint. 5. Nebengewerbe.

Die Zuweisung landwirtschaftlicher Gewerbe

Das landwirtschaftliche Gewerbe ist zum Ertragswert, das andere Gewerbe zum Verkehrswert zuzuweisen.

Im Streitfall entscheidet die zuständige Behörde über die Zuweisung, Veräußerung oder Abtrennung des andern Gewerbes unter Berücksichtigung der selbständigen wirtschaftlichen Existenzfähigkeit der bisher verbundenen Gewerbe und der persönlichen Verhältnisse der Erben.

1   **1. Voraussetzungen.** Der frühere, seit dem Jahre 1947 geltende Wortlaut sah vor, daß mit dem landwirtschaftlichen Gewerbe als Hauptbetrieb ein anderes Gewerbe als Nebenbetrieb untrennbar verbunden sein müsse. Diese Formulierung erschien als zu eng, indem die gemeinsame Zuteilung sich auch dann aufdrängt, wenn die Verbindung nicht untrennbar ist. Der erste Entwurf des Bundesrates nannte dann als Voraussetzung einzig, daß mit dem landwirtschaftlichen Gewerbe ein anderes Gewerbe verbunden sein müsse. Es wäre also weder notwendig gewesen, daß das landwirtschaftliche Gewerbe das Hauptgewerbe sei noch daß eine enge Verbindung bestehe. Das hätte zur Folge gehabt, daß ein Gewerbebetrieb auch dann ungeteilt hätte zugewiesen werden müssen, wenn der Landwirtschaftsbetrieb dabei nur von untergeordneter Bedeutung gewesen wäre. Eine solche Konsequenz wurde in den Kommissionen der Räte mit Grund abgelehnt (Sten.Bull. StR 1971 I S. 406).

2   Die neue Fassung wurde daher wieder soweit revidiert, daß sich gegenüber dem früheren Text nur unwesentliche Änderungen ergeben. Auch jetzt noch wird gefordert, daß der andere Betrieb der Nebenbetrieb sei. Daß nicht mehr ausdrücklich vom landwirtschaftlichen Gewerbe als Hauptbetrieb die Rede ist, ist unter diesen Umständen ohne Bedeutung. Es fiel lediglich möglicherweise eine gewisse besondere Betonung des Charakters als Haupt- und Nebenbetrieb weg. Eine ungeteilte Zuweisung ist unter diesen Umständen auch noch möglich, wenn die Bedeutung der Betriebe annähernd gleich ist.

3   Auch das Requisit der engen Verbindung wurde wieder aufgenommen. Ein wesentlicher Unterschied zum früheren Wortlaut, wo von „untrennbar" die Rede war, kann auch hier nicht vorliegen, konnte doch das Wort „untrennbar" schon nach dem alten Wortlaut nach Systematik und Sinn nicht allzu wörtlich aufgefaßt werden (vgl. Komm. N. 5 zu Art. 625). Es darf an den engen Zusammenhang kein zu strenger Maßstab gestellt werden. Die beiden Betriebe müssen sich gegenseitig ergänzen, wie z. B. ein Landwirtschaftsbetrieb und eine Fuhrhalterei, eine ländliche Gastwirtschaft, eine Sägerei oder Mühle. Ein loser Zusammenhang genügt jedoch nicht. Es wird, wie vor 1947, darauf ankommen, ob eine Trennung der Betriebe ohne wesentliche Werteinbuße nicht möglich ist.

Voraussetzung ist auch nach der neuen Fassung, daß beide Betriebe **4** zusammen eine ausreichende Existenz bieten. Es ist also möglich, daß der Landwirtschaftsbetrieb allein eine Existenz nicht ermöglicht, daß diese aber zusammen mit dem Nebengewerbe gewährleistet ist.

Das Nebengewerbe soll mit dem Hauptgewerbe zusammen zugewiesen **5** werden. Ein Erbe hat also Anspruch darauf, daß auch das Nebengewerbe ihm zugewiesen werde, selbst wenn das landwirtschaftliche Gewerbe schon allein existenzfähig wäre. Nur wenn mehrere Bewerber vorhanden sind, kann die Behörde im Sinne von Abs. 3 allenfalls eine Trennung vorsehen (siehe N. 8 ff.).

2. Wert der Zuweisung. Das landwirtschaftliche Gewerbe ist zum **6** Ertragswert, das Nebengewerbe zum Verkehrswert zuzuweisen. Das war, im Gegensatz zur Regelung bis 1947, schon im bisherigen Recht so angeordnet; die Vorschrift wurde lediglich redaktionell in einen besonderen Absatz verwiesen.

Nach der bisherigen Regelung hatte die Zuweisungsbehörde auch **7** den Verkehrswert zu bestimmen. Diese Regelung war insofern nicht glücklich, als die Zuweisungsbehörde meist nicht selber über Kenntnisse in bezug auf die Schätzung von Betrieben verfügt und daher Sachverständige beiziehen mußte. Der Verkehrswert wird auch unter der neuen Regelung durch Sachverständige festgestellt werden müssen. Art. 620, welcher auf das Entschuldungsgesetz verweist, ist hier nicht direkt anwendbar, weil es sich nicht um den Ertragswert handelt. Hingegen wird wenn möglich die Bestimmung des Wertes durch jene Schätzungsbehörde erfolgen, die nach Art. 38 der Verhütungsverordnung vom 16. November 1945 (BS 9 S. 145 ff.) im Rahmen von Art. 619 allenfalls zur Bestimmung des Verkehrswertes berufen ist, welche Vorschrift allerdings an Bedeutung verloren hat (vgl. N. 4 zu Art. 619). Der wesentliche Punkt der Neufassung war, den Kantonen die Möglichkeit zu lassen, für die Schätzung des Ertragswertes und Verkehrswertes verschiedene Behörden als zuständig zu erklären (vgl. BBl. 1971 I S. 754).

3. Entscheid durch die Behörde in Streitfällen. Im Streitfalle hat die **8** zuständige Behörde über die Zuweisung zu entscheiden. Diese Bestimmung entspricht mit redaktionellen Änderungen im wesentlichen dem bisherigen Abs. 2. Dem behördlichen Ermessen ist hier ein weiter Spielraum eingeräumt. Wünschen alle Bewerber die Zuteilung auch des Nebengewerbes, so wird die Behörde in der Regel lediglich anhand der persönlichen Verhältnisse prüfen, welchem von ihnen das verbundene Gewerbe zuzuweisen sei. Eine Zuweisung nur des Landwirtschaftsgewerbes ist zwar

Die Zuweisung landwirtschaftlicher Gewerbe

durch den Text nicht ausgeschlossen, widerspräche aber dem Willen der Erben selbst und ist daher zu vermeiden.

9   Sind aber sowohl Erben vorhanden, die nur das landwirtschaftliche Gewerbe als solches und solche, die auch den Nebenbetrieb begehren, hat die Behörde zu prüfen, ob die Zuweisung mit oder ohne Nebenbetrieb erfolgen solle. Ergibt sich, daß das landwirtschaftliche Gewerbe allein keine ausreichende Existenz bietet, wohl aber mit dem Nebenbetrieb zusammen, so ist beides zusammen einem der Erben, der das Ganze zu übernehmen bereit ist, zuzuteilen. Ist keiner derselben dazu geeignet, so muß von einer ungeteilten Zuweisung abgesehen werden, es sei denn, ein geeigneter Erbe, der vorerst die Landwirtschaft allein beansprucht hatte, entscheide sich nun doch noch zur Übernahme des Ganzen. Hingegen kann es trotz dem Wortlaut des Gesetzes nicht darauf ankommen, ob das Nebengewerbe für sich allein leistungsfähig sei. Das wird ja, da es untergeordneter Natur ist, in der Regel ohnehin nicht der Fall sein. Das Gesetz kümmert sich in diesem Zusammenhang vornehmlich um die Zuweisung des landwirtschaftlichen Betriebes.

10   Wäre das landwirtschaftliche Gewerbe auch ohne das Nebengewerbe existenzfähig, so wird die Behörde in erster Linie die persönlichen Verhältnisse der einzelnen Erben in Betracht ziehen (Art. 621) und die Landwirtschaft je nachdem dem dafür am besten geeigneten Erben mit oder ohne Nebengewerbe zuteilen. Sie hat aber bei ihrem Entscheid die Umstände zu berücksichtigen, so insbesondere auch die Frage, ob sich eine bloße Zuweisung des landwirtschaftlichen Betriebes allein oder jene mit dem Nebenbetrieb zusammen vom wirtschaftlichen Gesichtspunkt aus gesehen als günstiger erweist.

Art. 625 bis

6. Veräußerung.   *Erhebt keiner der Erben Anspruch auf eine ungeteilte Zuweisung des landwirtschaftlichen Gewerbes oder wird ein solcher Anspruch abgewiesen, so kann jeder Miterbe den Verkauf des landwirtschaftlichen Gewerbes als Ganzes verlangen.*

Diese Bestimmung wurde nicht geändert.

Sachregister

Abzug vom Gewinn 23
Anmeldung der Vormerkung 29
Anrechnungswert 35
Arbeitsvertrag 11
Aufwendungen 23
Ausbesserung, siehe Verbesserungen
Ausgleichung 10
Ausschlagung 14

Baurecht 20
Bauten 23
Bewegliche Sachen 35
Bodenbestandteile 20, 23

Dienstbarkeit 20

Ehegatte 37, 38
Eigentumsbeschränkung 14
Eignung 36 ff.
Einigungsverhandlungen 21
Enteignung 18, 21, 25, 28
Enterbung 14, 39
Entschädigung des Hauskindes 9
Erbengülten 43
Erbschaftsschuld 11
Erbteilung 9, 11
Erbunwürdigkeit 40
Erbverzicht 39
Ersatzgrundstück 24 ff.
Ertragswert 12, 40, 45
Existenz, ausreichende 7, 33, 45

Fälligkeit 21
Familienbetrieb 37
Frist 12, 19, 25
Fuhrhalterei 44

Gärtnerei 20, 34
Gastwirtschaft 44
Geldentwertung 23, 25
Gemeinderschaft 42
Gemeinschaftseigentum 8
Gewinn 22
Gewinnanteilsrecht 12 ff.
Großkinder 9
Grundbucheintrag 14, 19, 24
Grundlasten 34
Güterzusammenlegung 18

Haftung der Erben 11
Haftung des Erwerbers 28
Haushalt, Auflösung 9
Hauskinder 8 ff.
Herabsetzung 13, 41
Herrschaftshaus 34

Intertemporales Recht 15, 32
Inventar 10

Kiesgrube 20, 21
Kinder, siehe Hauskinder
Konkurs 9

Landwirtschaftliches Gewerbe 25, 33 ff.
Landwirtschaftliches Grundstück 17
Lebzeiten, zu 14, 16, 19
Lidlohn 8, 11
Liegenschaften, weitere 34 f.
Liegenschaftsteile 34 f.
Lohnforderung 11

Mehrwert 13
Melioration 23
Mühle 44

Nebengewerbe 35, 43 ff.
Neubauten 23
Nichtlandwirtschaftliches Grundstück 31
Nutznießung 37

Oberleitung 37
Ortsgebrauch 37

Pacht 9, 20, 34
Passivlegitimation 20
Persönliche Verhältnisse 37 ff., 46
Pfändung 9
Pflichtteil 10, 13, 41

Quartierplan 18

Reparaturbedürftigkeit 27

Sägerei 44
Sanierungsverkauf 27
Schätzung des Wertes 35, 45
Schriftform 31
Selbstbetrieb 36, 38, 40
Solidarhaftung 11, 28, 30
Steinbruch 20

Tausch 18, 22
Teilungsinventar, siehe Inventar
Teilungsverbot 40
Teilungsvertrag 18, 29
Teilungsvorschrift 39
Testament, s. Verfügung von Todes wegen
Töchter 37
Tod eines Beteiligten 19

Übernahmepreis 13, 22
Übernehmer 36 ff.
Überschuldung 11
Unentziehbarkeit 39
Ungeteilte Zuweisung 33 ff.
Ungültigkeitsklage 41
Unmündige 41

Veräußerer 14
Veräußerung 13, 22, 28, 40, 46
Veräußerungspreis 13, 22

Verbesserungen 23, 27
Vereinbarung über Gewinnanspruch 31 ff.
Verfügung von Todes wegen
   8, 10, 13, 29, 38 ff.
Verjährung 10, 13, 21
Verkehrswert 18, 29, 45
Vermächtnis 17
Verwirkung 10, 13
Viehbestände 35
Vormerkung 13, 17, 19, 28 ff., 31 ff.
Vorrecht der Söhne 8

Weiterveräußerung 26
Wohnung (Fehlen einer) 34

Zeitpunkt der Veräußerung 21
Zerlegung des Gewerbes 42
Zuteilungswert 18, 45
Zuweisung des Gewerbes 8, 32 ff.
Zwangsvollstreckung 18